PETITE ENCYCLOPÉDIE

ENFANTINE

COMPRENANT :

LA RÉCITATION, LE CALCUL, LA LANGUE FRANÇAISE
L'HISTOIRE, LA GÉOGRAPHIE, LES SCIENCES PHYSIQUES & NATURELLES
LE DESSIN

Rédigée conformément aux programmes de l'Enseignement primaire
(27 Juillet 1882)

A L'USAGE DES ENFANTS DE 7 A 8 ANS

PAR

Alfred GRIMBERT

INSTITUTEUR

PREMIER SEMESTRE

HOMMAGE DE L'AUTEUR ET DES ÉDITEURS

PARIS

GARNIER FRÈRES, LIBRAIRES-ÉDITEURS

6, RUE DES SAINTS-PÈRES, 6

Petite encyclopédie enfantine (DEUXIÈME SEMESTRE), 1 vol. in-18
jésus (*sous presse*).

PETITE
ENCYCLOPÉDIE
ENFANTINE

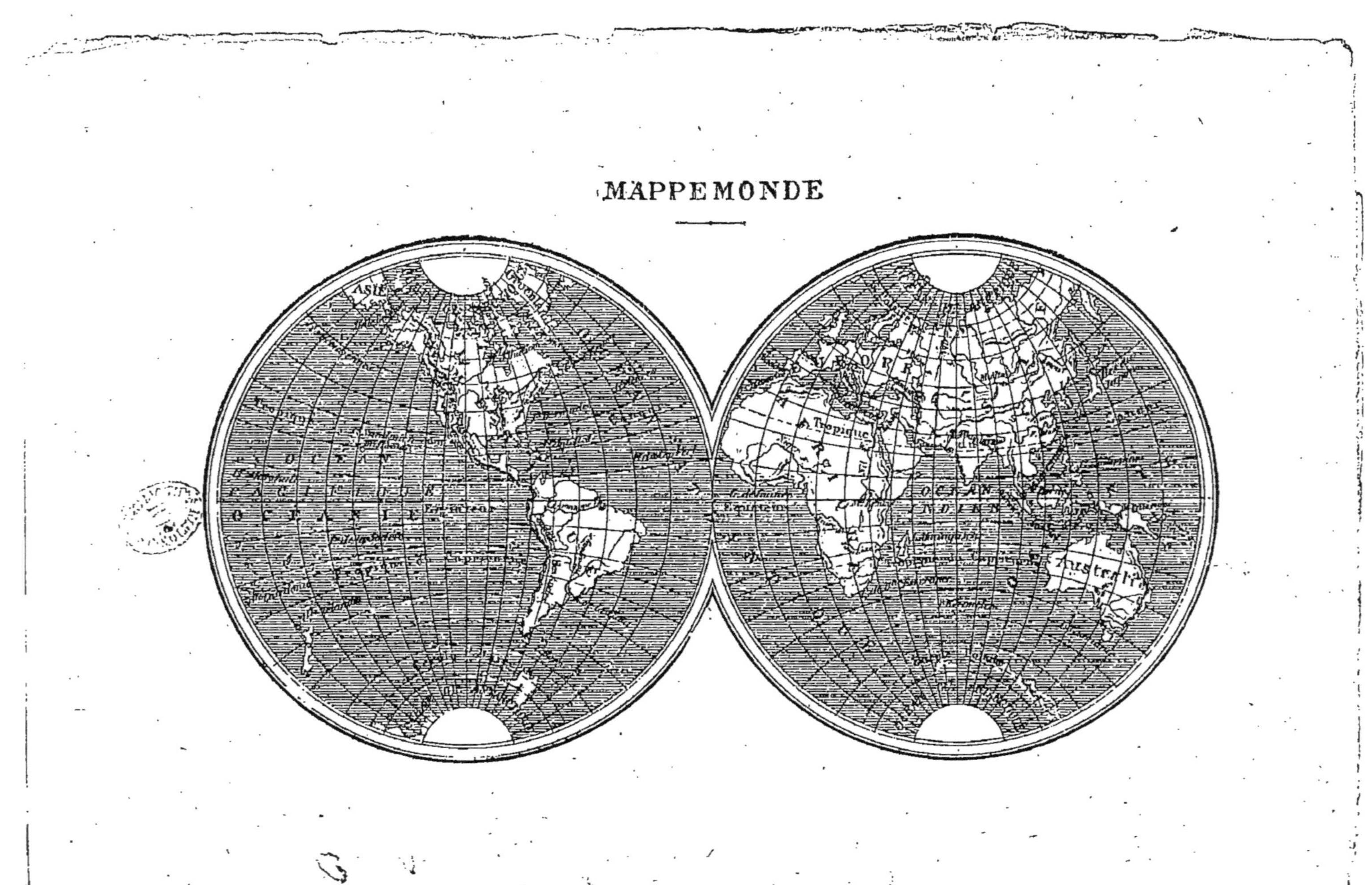

MAPPEMONDE

PETITE
ENCYCLOPÉDIE
ENFANTINE

COMPRENANT :

**LA RÉCITATION, LE CALCUL, LA LANGUE FRANÇAISE
L'HISTOIRE, LA GÉOGRAPHIE, LES SCIENCES PHYSIQUES & NATURELLES
LE DESSIN**

Rédigée conformément aux programmes de l'Enseignement primaire
(27 Juillet 1882)

A L'USAGE DES ENFANTS DE 7 A 8 ANS

PAR

Alfred GRIMBERT

INSTITUTEUR

PREMIER SEMESTRE

PARIS

GARNIER FRÈRES, LIBRAIRES-ÉDITEURS

6, RUE DES SAINTS-PÈRES, 6

AVERTISSEMENT

Les maîtres de l'enfance connaissent les difficultés
que l'on éprouve pour occuper utilement, pendant
l'intervalle des leçons, les enfants qui commencent
à lire. La transition du *cours préparatoire* au *cours
élémentaire* est peut-être la partie la plus délicate de
l'enseignement primaire, celle qui a le plus d'influence sur le développement intellectuel de l'enfant
et l'avenir de ses études, selon que les premiers
travaux lui seront présentés sous une forme agréable
ou rebutante.

Les bons livres d'enseignement sont communs
aujourd'hui; des cours élémentaires existent pour
toutes les matières du programme; mais ces ouvrages
sont d'un ordre trop élevé pour qu'ils puissent être
mis entre les mains de ces enfants.

Quelques auteurs ont rédigé des cours prépara-
toires qui s'adaptent mieux à l'intelligence des
élèves, cependant ils sont peu suivis, à cause de

l'inconvénient qu'ils présentent de charger de cinq ou six livres l'enfant qui débute dans les devoirs écrits, et aussi parce qu'ils nécessitent une dépense supplémentaire mal vue des parents.

C'est pour parer à ces difficultés que nous publions l'ENCYCLOPÉDIE ENFANTINE. Elle renferme : 1º des leçons de Récitation dont les sujets ont été choisis avec soin ; 2º quelques notions de Calcul et de Système métrique accompagnées de problèmes très simples ; 3º des exercices de Langue française et de conjugaison, avec les principales règles à l'appui ; 4º des notions d'Histoire de France comportant des leçons de trois ou quatre lignes et une lecture par semaine ; 5º un petit cours de Géographie ; 6º des leçons de Sciences physiques et naturelles conformes au programme officiel, spécial aux classes enfantines ; et 7º des exercices de Dessin.

Toutes ces matières sont réparties par mois, à raison de deux ou trois leçons par semaine, et conformément aux prescriptions de l'Arrêté réglementaire du 27 juillet 1882. Elles sont complétées par des devoirs de Calcul, de Langue française, etc., pour tous les jours de l'année.

L'examen de l'organisation pédagogique des écoles primaires de plusieurs départements : emploi du temps et programmes développés, nous ayant démontré que l'organisation du département de la Seine a servi presque partout de modèle, nous nous sommes rapproché, le plus possible, de cette dernière pour la distribution des leçons. Quant au degré d'enseignement, choix et développement des sujets, il correspond à une première année du cours élémentaire.

L'Encyclopédie enfantine est publiée en deux volumes comprenant chacun un semestre; ils sont vendus isolément ou réunis. Nous engageons les maîtres qui en feront usage à lui donner pour suite : la *Grammaire* de MM. CHASSANG et HUMBERT, l'*Histoire* et la *Géographie* de MM. GRÉGOIRE, et les notions de *Physique* et de *Chimie* de M. GOSSIN; notre petit livre peut leur servir d'introduction.

Nous prions MM. CHASSANG, HUMBERT, GOSSIN, A. et L. GRÉGOIRE, qui ont bien voulu nous autoriser à puiser dans leurs ouvrages pour mettre l'*Encyclopédie enfantine* en rapport avec les cours qu'ils ont publiés pour l'enseignement primaire, de recevoir ici le témoignage de notre reconnaissance.

A. GRIMBERT.

Divion, le 20 août 1885

PREMIÈRE PARTIE

RÉCITATION

Observation. — Les exercices de mémoire ont pour but
d'orner l'esprit des enfants, de leur former le cœur et de les
habituer à s'exprimer correctement. Les morceaux reproduits
ici sont extraits des meilleurs auteurs; nous y avons compris
quelques apologues en prose qui seront appris facilement
parce qu'ils se rapprochent davantage du langage usuel. Ces
morceaux ont tous le double caractère d'une grande simpli-
cité unie à la plus pure moralité. Le maître aura soin d'en
faire bien comprendre le sens à ses élèves avant de les
confier à leur mémoire. Il les fractionnera selon les besoins de
son cours.

1. — PRIÈRE DE L'ENFANT.

O Dieu ! ma bouche balbutie
Ce nom des anges redouté.
Un enfant même est écouté
Dans le cœur qui te glorifie.

Ah ! puisqu'il entend de si loin
Les vœux que notre bouche adresse,
Je veux lui demander sans cesse
Ce dont les autres ont besoin.

1.

Mon Dieu, donne l'onde aux fontaines,
Donne la plume aux passereaux,
Et la laine aux petits agneaux,
Et l'ombre et la rosée aux plaines ;

Donne aux malades la santé,
Au mendiant, le pain qu'il pleure,
A l'orphelin, une demeure,
Au prisonnier, la liberté.

Donne une famille nombreuse
Au père qui craint le Seigneur ;
Donne à moi sagesse et bonheur,
Pour que ma mère soit heureuse !

(A. DE LAMARTINE.)

Soyez toujours obéissant.

2. — LE PETIT LAPIN INDOCILE.

Un jeune lapin, échappé du terrier contre l'ordre de sa mère, se jouait au beau soleil du matin sur l'herbe tendre et le serpolet odorant ; il était tout entier au plaisir, tandis que sa mère, inquiète sur son sort, le cherchait de tous côtés.

— Hélas ! disait-elle, si le renard le rencontrait, il serait perdu ; il ne saurait pas encore éviter et fuir ce méchant animal.

Le renard le rencontra en effet.

— Bien ! mon petit ami, lui cria-t-il, dès qu'il l'aperçut, bien ! vous ne pouviez mieux faire que de quitter le terrier pour jouir de cette belle matinée ; sans vous, je courais grand risque de ne pas déjeuner aujourd'hui.

Et cela dit, il sauta sur le petit lapin, dont il ne fit que trois bouchées.

La désobéissance a conduit plus d'un enfant à sa perte.

(FÉNELON.)

Le Renard.

Aimez bien votre mère.

3. — LA MAMAN.

Qui nous aime dès la naissance?
Qui donne à notre frêle enfance
Son doux, son premier aliment?
    C'est la maman.

Bien avant nous qui donc s'éveille?
Bien après nous quel ange veille,
Penché sur notre front dormant?
    C'est la maman.

Qui nous fait dire la prière
Au bon Dieu qui fit la lumière
Et la terre et le firmament?
C'est la maman.

A nous rendre sages qui pense?
Qui jouit de la récompense
Et s'afflige du châtiment?
C'est la maman.

Aussi, qui devons-nous sans cesse
Bénir pendant notre jeunesse,
Chérir jusqu'au dernier moment?
C'est la maman.

(Mme A. Tastu.)

4. — L'amitié.

Qu'un ami véritable est une douce chose!
Il cherche vos besoins au fond de votre cœur;
Il vous épargne la pudeur
De les lui découvrir vous-même:
Un songe, un rien, tout lui fait peur,
Quand il s'agit de ce qu'il aime.

(La Fontaine.)

Ne remettez jamais à demain.

5. — Le chou.

Un père laborieux cultivait, dans son jardin, plusieurs espèces de légumes. Un jour, il dit à son fils encore jeune :

— Vois-tu, mon ami, à l'envers de cette feuille de chou, ces jolis petits points jaunes? Ce sont autant de

petits œufs, d'où proviendront de pernicieuses chenilles ;
aie soin, cette après-midi, d'éplucher chaque feuille, et de
briser les œufs qui s'y trouvent collés. C'est ainsi que
nos choux seront toujours beaux, verts et en bon état. »

Le Chou.

L'enfant, croyant qu'il était toujours temps de s'occuper d'un pareil travail, finit par ne plus y penser.

Pendant quelques semaines, le père ne se porta pas
bien et ne vint point au jardin ; mais, lorsqu'il fut rétabli,
il prit par la main le petit négligent et le conduisit près
du carré de choux. Ils étaient presque entièrement dé-
vorés, la tige seule restait avec les côtes des feuilles. Le
petit garçon, effrayé et confus, versait des larmes sur sa
négligence ; son père lui dit :

« Ce qui peut se faire aujourd'hui, fais-le tout de suite,
et ne le remets jamais au lendemain. »

(SCHMID.)

La Guenon, le Singe et la Noix.

6. — MAXIME.

Ne dites jamais : à demain,
  Pour adoucir une blessure ;
Donnez au pauvre du chemin,
  Donnez sans compter : Dieu mesure.

L'étude est amère, mais les fruits en sont doux.

7. — LA GUENON, LE SINGE ET LA NOIX.

  Une jeune guenon cueillit
  Une noix dans sa coque verte,
Elle y porte la dent, fait la grimace. — « Ah ! certe !
  Dit-elle, ma mère mentit
Quand elle m'assura que les noix étaient bonnes.
Puis, croyez aux discours de ces vieilles personnes
Qui trompent la jeunesse ! Au diable soit le fruit ! »
Elle jette la noix. Un singe la ramasse ;
  Vite entre deux cailloux la casse,
  L'épluche, la mange, et lui dit :

  « Votre mère eut raison, ma mie,
Les noix ont fort bon goût, mais il faut les ouvrir.
  Souvenez-vous que dans la vie,
Sans un peu de travail, on n'a point de plaisir. »
(FLORIAN.)

8. — MAXIME.

Notre vie est si courte : il la faut employer ;
Instruisez-vous, enfants, dès l'âge le plus tendre ;
A tout âge, en tout temps, on a besoin d'apprendre,
Et c'est un jour perdu qu'un jour sans travailler.

Les méchants n'ont point d'amis.

9. — LE MOINEAU ET LA TOURTERELLE.

Le Moineau.

La Tourterelle.

LE MOINEAU

Comment se fait-il donc, ma sœur,
Que l'on t'aime et qu'on me rejette ;
Que l'on t'accueille avec douceur,
Qu'avec humeur on me maltraite ?
Cependant je suis plus adroit ;
Je puis par mainte gentillesse,
Charmer le maître et la maîtresse,
J'ai cent fois plus d'esprit que toi.

LA TOURTERELLE

C'est, mon frère, qu'on vous accuse
D'être gourmand, d'être un voleur,
Vous prenez ce qu'on vous refuse,
Moi, ce qu'on m'offre de bon cœur.

Vous avez plus d'esprit, mon frère,
Plus d'adresse et plus de savoir ;
Mais lorsqu'on l'emploie à mal faire,
Il vaudrait mieux n'en point avoir.

(GRENUS,)

10. — MAXIME.

Réprimez tout emportement :
On se nuit alors qu'on offense,
Et l'on hâte son châtiment
Quand on croit hâter sa vengeance.

Ne soyez pas gourmand.

11. — LE BEAU FRUIT.

Le petit Louis examinait, au jardin, des plantes étran-
gères déposées dans des vases élégants.

Sur un arbuste peu élevé il vit un fruit d'une forme
oblongue, et dont la rougeur surpassait celle de la
pourpre et de l'écarlate.

« Quel admirable fruit ! s'écria-t-il ; il n'en existe pas
de plus beau dans tout le jardin. Oh ! il doit avoir un
excellent goût. »

Il regarda soigneusement autour de lui si personne ne
l'observait, cueillit le fruit et le porta à sa bouche. Mais
tout à coup il sentit comme un feu ardent, et rejeta bien
vite le fruit en versant des larmes.

Cependant la vive douleur qu'il ressentait ne se cal-
mait pas.

Sa mère accourut à ses cris et lui dit :

« Gourmand que tu es, combien de fois ne t'ai-je pas défendu de manger ce que tu ne connaissais pas?

Tu as été puni de ta gourmandise; tu es même fort heureux de ne pas avoir avalé le fruit, car il aurait pu te coûter la vie ».

(Schmid.)

Il faut être propre.

12. — Maxime.

Ce qui peut conserver le plus notre santé,
Ce qui nous sied bien mieux qu'une grande parure,
Ce qu'aisément chacun tous les jours se procure,
C'est, à tout âge, enfant, l'extrême propreté.

La sottise est présomptueuse.

13. — Le dindon et la pie.

Un gros dindon demandait à Margot :
Que disait-on de moi, l'autre jour, au village?
— On disait que tu n'es qu'un sot,
Qui n'a pour soi que son plumage.

Les bavards n'apprennent rien.

14. — Le pinson et la pie.

« Apprends-moi donc une chanson, »
Demandait la bavarde pie
A l'agréable et gai pinson
Qui chantait au printemps sur l'épine fleurie.
« — Allez, vous vous moquez, ma mie ;
« A gens de votre espèce, ah! je gagerais bien
« Que jamais on n'apprendra rien.

« — Eh quoi ? la raison, je te prie ?
« — Mais c'est que pour s'instruire et savoir bien chanter
    « Il faudrait savoir écouter,
  « Et babillard n'écouta de sa vie. »

(Mme DE LA FÉRANDIÈRE.)

15. — MAXIME.

Ne parler jamais qu'à propos
Est un rare et grand avantage ;
Le silence est l'esprit des sots,
Et l'une des vertus du sage.

Il faut aimer la France, notre Patrie.

16. — TU SERAS SOLDAT.

Toi qui, de si leste façon,
Mets ton fusil de bois en joue,
Un jour, tu feras tout de bon
Ce dur métier que l'enfant joue.

Il faudra courir sac au dos,
Porter plus lourd que ces gros livres,
Faire étape avec des fardeaux,
Cent cartouches, trois jours de vivres.

Soleils d'été, brises d'hiver,
Mordront sur cette peau vermeille ;
Les balles de plomb et de fer
Te siffleront à chaque oreille.

Tu seras soldat, cher petit!
Tu sais, mon enfant, si je t'aime!
Mais ton père t'en avertit,
C'est lui qui t'armera, lui-même.

Quand le tambour battra demain,
Que ton âme soit aguerrie;
Car j'irai t'offrir de ma main,
A notre mère, la Patrie.

Tu vis dans toutes les douceurs;
Tu as des amitiés sincères,
Tu chéris tendrement tes sœurs,
Ton père, et ta mère, et tes frères.

Sois fils et frère jusqu'au bout;
Sois ma joie et mon espérance;
Mais souviens-toi bien qu'avant tout,
Mon fils, il faut aimer la France.

(V.-R. DE LAPRADE.)

Le Soldat,

DEUXIÈME PARTIE

ARITHMÉTIQUE

OCTOBRE

Programme : — Quelques définitions essentielles. Les premiers nombres de 1 à 10. — Les 9 chiffres. — Exercices pratiques sur les 9 premiers nombres.

NOTIONS PRÉLIMINAIRES.

1. COMPTER. — Dire un, deux, trois, quatre, cinq, six, sept, huit, neuf, qu'on écrit : 1, 2, 3, 4, 5, 6, 7, 8, 9, c'est compter.

2. QUANTITÉ. — Une quantité, c'est une réunion d'objets qu'on n'a pas encore comptés.

3. UNITÉ. — L'unité, c'est un des objets que l'on compte.

4. NOMBRE. — Un nombre, c'est une réunion d'unités comptées.

5. Compter, — c'est donc chercher combien une quantité contient d'unités.

Ex. : Les élèves sont en classe, je les compte, ils sont cinquante. La **quantité**, c'est tous les élèves ; l'**unité**, un élève ; le **nombre**, cinquante.

CALCUL ORAL PUIS ÉCRIT

Observations. — Les définitions qui précèdent ne sont pas destinées à être apprises par cœur avant de commencer les exercices. Elles devront être étudiées dans le courant du mois, quand les problèmes en fourniront l'occasion.

Un exercice oral précédera toujours le devoir écrit, et il sera dirigé de manière à ce que le problème lui serve de conclusion, d'application.

1. — Ecrivez cinq fois en cinq lignes les neuf premiers nombres. — Bien espacer les chiffres.

2. — Ajoutez 1 à 2, à 3, etc., jusqu'à 9. *Ex. :* **2 et 1 font 3,** etc.

3. — Combien avez-vous de pieds ? — de mains ? — de doigts à chaque main ?

4. — Combien de fenêtres a l'école ? Combien de carreaux a une fenêtre ?

5. — Combien de lettres dans les mots : jeu ? — livre ? — papier ? — casquette ?

6. — Ajoutez 2 à 1, à 2, etc., jusqu'à 9.

7. — Ecrivez cinq fois, en cinq lignes, les neuf premiers nombres, dans l'ordre décroissant.

8. — Dans : j'aime bien mon père et ma mère, combien d'e ? d'm ? d'a ?

9. — Pour récompenser deux enfants on leur a donné à chacun 4 noix ; combien en ont-ils à deux ?

10. — Otez 2 des nombres 3 à 9. *Ex. :* **3 moins 2 égalent 1.**

11. — Ajoutez 3 à 1, à 2, etc., jusqu'à 9.

12. — Décomposez le nombre 4 et 6. — *Ex. :* **4, c'est 3 et 1 ; 2 et 2,** etc.

13. — Quelle est la moitié de 4 ? — de 6 ? — de 8 ?

14. — J'ai 8 noix, j'en mange 4, que me reste-il ? Combien en aurai-je encore après en avoir mangé deux ?

15. — Combien un serin a-t-il de pattes ? — Combien 2 serins ? — 3 serins ? — 4 serins ?

16. — Victor a été malade le dimanche, le lundi et le mardi ; combien est-il venu de jours en classe cette semaine ?

17. — Citez des objets qui se comptent par 2.

18. — Otez 3 des chiffres de 4 à 9. — voir n° 10.

19. — Décomposez les nombres 5 et 7. — voir n° 12.}

20. — Combien de jours dans une semaine ? — dans une semaine de travail ?

21. — On a donné 6 pommes, à se partager également, à deux enfants ; combien en ont-ils eu chacun ?

22. — Otez 4 des chiffres de 5 à 9.

23. — Donnez 3 nombres qui fassent 6.

24. — Charles a 9 ans, son frère en a 3 de moins ; quel âge a-t-il ?

25. — Jules a 5 bons-points ; que lui en manque-t-il pour en avoir 7 ? — 9 ?

26. — Décomposez les nombres 8 et 9.

27. — A quel nombre faut-il ajouter 2 pour avoir 3 ? — 5 ? — 7 ? — 9 ?

28. — Donnez 3 nombres qui fassent ensemble 8.

29. — Henri a cinq ans ; en combien d'années aura-t-il 9 ans ?

30. — Achille a 9 billes, il en donne 3 à Léon et 4 à Henri; combien lui en reste-t-il?

31. — A quel nombre faut-il ajouter 3 pour avoir 5? — 7? — 9?

32. — On donne 9 noix à 3 enfants, combien en auront-ils chacun également?

33. — Il y a 9 pommes sur un arbre, j'en cueille 2, le vent en fait tomber 4; combien en reste-t-il sur le pommier?

NOVEMBRE

Programme. — Les dizaines. Nombres de 1 à 20. — Exercices pratiques. — Le mètre.

6. NUMÉRATION. **DIZAINE.** — Si l'on ajoute 1 à 9 on a dix, qu'on écrit 10, et qu'on nomme une dizaine.

7. **ZÉRO.** — Le zéro n'a aucune valeur par lui-même.

8. **VIRGULE.** — Mettez toujours une virgule après chaque nombre.

9. **PLACE DES DIZAINES.** — Dans les nombres, les dizaines se placent au deuxième rang à gauche de la virgule.

Ex. : **Une dizaine ou 10, deux dizaines ou 20, trois dizaines ou 30,** etc.

Les unités sont toujours au premier rang.

10. Pour compter les nombres d'une dizaine à la suivante, on répète les 9 premiers nombres. On a ainsi, de 20 à 30 : vingt-un, 21 ; vingt-deux, 22 ; vingt-trois, 23 ; etc. L'usage a établi de dire onze, douze, treize, etc. pour dix-un, dix-deux, dix-trois, etc.

11. SYSTÈME MÉTRIQUE. **LE MÈTRE.** — Le mètre sert à mesurer les longueurs.

Ex. : **Montrer un mètre divisé en décimètres et en centimètres.**

CALCUL ORAL PUIS ÉCRIT

1. — Ecrivez 5 fois les nombres de 1 à 20, en vous aidant, au besoin, de la pagination de votre livre.

2. — 12, c'est 10 et 2 : qu'est-ce que 14 ? — 16 ? — 18 ?

3. — Combien de dizaines et d'unités dans 14 ? — 16 ? 18 ?

4. — Combien de lettres dans : Je fais mon devoir?

5. — Combien de voyelles dans : J'obéirai à mon maître ?

6. — Combien d'élèves sur les deux premières tables?

7. — Ecrivez 5 fois les nombres de 20 à 1. — Bien espacer les nombres et ne pas oublier la virgule.

8. — Les nombres pairs sont ceux qui sont terminés par les chiffres 2, 4, 6, 8, 0, les autres sont impairs. Faites 5 fois la liste des nombres pairs jusqu'à 20?

?

9. — Combien font 1 dizaine et 4, 1 dizaine et 6, 1 dizaine et 9 ?

10. — Donnez deux nombres qui fassent 6. — 8.

11. — Quel est le double de 2 mètres? — de 4 mètres? — de 6 mètres ? — de 8 mètres ?

12. — Ajoutez 4 à 1, à 2, etc., jusqu'à 9. — 5 fois.

13. — Ecrivez 5 fois les nombres compris entre 5 et 15.

14. — Décomposez 14 jusqu'à 7 et 18 jusqu'à 9. — *Ex.* : **14 c'est 13 plus 1, 12 plus 2,** etc.

15. — Ecrivez 5 fois les nombres impairs de 1 à 19.

16. — Combien de dizaines et d'unités dans 15 ? — 17 ? — 19 ?

17. — Quelle est la moitié de 8 ? — de 12 ? — de 16 ?

18. — Quelle est, en mètres, la longueur d'une table ? — d'un mur de la classe ? — la hauteur de la bibliothèque ?

19. — On vous donne 18 noisettes à partager entre vous et votre camarade ; combien en aurez-vous chacun ?.

20. — Quel est le premier mois de l'année? — le 4e? — le 7e ? — le 11e ?

21. — Combien faut-il de pièces de 2 francs pour faire 12 fr. ? — 8 fr. ? — 16 fr.?

22. — Combien un cheval a-t-il de pieds? — Combien, ensemble, 3 chevaux? — 4 chevaux ?

23. — Charles a 6 ans ; dans combien d'années aura-t-il 12 ans? — 18 ans?

24. — Ajoutez 5 à 1, à 2, etc., jusqu'à 9. — Ecrire 5 fois.

25. — Quel est le triple de 1 ? — de 3? — de 6 ?

26. — En combien d'années, Louis qui a 8 ans, aura-t-il 19 ans ?

27. — Donnez 3 nombres qui fassent 14.

28. — Un mètre de toile vaut 2 francs ; combien valent 3 mètres ? — 5 mètres? — 9 mètres ?

Le Navire à Vapeur.

29. — Un sou vaut 5 centimes ; combien de centimes dans 2 sous ? — dans 3 sous ? — dans 4 sous ?

30. — Combien un cheval a-t-il de fers? — Combien de fers dans un attelage de 3 ? — de 4 chevaux ?

31. — On donne 15 noix à partager également entre 3 enfants ; combien en auront-ils chacun? — Ecrire un problème semblable en changeant les nombres.

32. — Combien d'élèves à la première table ? Si on leur donne à chacun 3 bons points, combien en faudra-t-il?

33. — Ajoutez 6 à 1, à 2, jusqu'à 9, — 5 fois.

34. — Le premier du mois est un jeudi. Quelle sera la date du 2e, du 3e jeudi?

35. — Combien le plancher de l'école a-t-il de longueur ? — de largeur ?

36. — 4 enfants se partagent 20 pommes; combien en auront-ils chacun ?

DÉCEMBRE

Programme. — Nombres de 1 à 50. Addition. Table d'addition. Exercices pratiques sur les 50 premiers nombres.

12. Numération. **UNITÉS SIMPLES.** — Les 9 premiers chiffres, ou nombres, s'appellent unités simples.

13. De 1 à 50, il y a 5 dizaines qui s'écrivent : 10, 20, 30, 40, 50 ; et d'une dizaine à l'autre : 31, 32, 33, etc., 41, 42, 43, etc.

14. Addition. — **ADDITIONNER,** c'est réunir plu-

sieurs nombres en un seul. Le nombre que l'on obtient s'appelle *total*.

15. Pour additionner, il faut écrire les nombres les uns sous les autres en mettant les chiffres qui représentent les unités dans la même colonne. Les virgules doivent toujours se trouver dans la même ligne verticale. On trace ensuite une ligne horizontale. On additionne alors la colonne des unités, puis celle des dizaines, etc.

Soit à additionner 21 mètres, 12 mètres et 15 mètres ; on pose ainsi les nombres :

$$\begin{array}{rr} \text{Ex.:} & 21 \\ & 12 \\ & 15 \\ \hline \text{Total:} & 48 \end{array}$$

On commence par les unités.

On dit : 1 et 2 font 3, 3 et 5 font 8 : je pose 8. Colonne des dizaines : 2 et 1 font 3 ; 3 et 1 font 4 : je pose 4. — Le total est 48 mètres.

On ne peut additionner que des quantités de même nature.

2.

16. *Table d'addition des 9 premiers nombres.*

1 et 1 font 2			1 et 4 font 5			1 et 7 font 8		
2 — 1 — 3			2 — 4 — 6			2 — 7 — 9		
3 — 1 — 4			3 — 4 — 7			3 — 7 — 10		
4 — 1 — 5			4 — 4 — 8			4 — 7 — 11		
5 — 1 — 6			5 — 4 — 9			5 — 7 — 12		
6 — 1 — 7			6 — 4 — 10			6 — 7 — 13		
7 — 1 — 8			7 — 4 — 11			7 — 7 — 14		
8 — 1 — 9			8 — 4 — 12			8 — 7 — 15		
9 — 1 — 10			9 — 4 — 13			9 — 7 — 16		
1 — 2 — 3			1 — 5 — 6			1 — 8 — 9		
2 — 2 — 4			2 — 5 — 7			2 — 8 — 10		
3 — 2 — 5			3 — 5 — 8			3 — 8 — 11		
4 — 2 — 6			4 — 5 — 9			4 — 8 — 12		
5 — 2 — 7			5 — 5 — 10			5 — 8 — 13		
6 — 2 — 8			6 — 5 — 11			6 — 8 — 14		
7 — 2 — 9			7 — 5 — 12			7 — 8 — 15		
8 — 2 — 10			8 — 5 — 13			8 — 8 — 16		
9 — 2 — 11			9 — 5 — 14			9 — 8 — 17		
1 — 3 — 4			1 — 6 — 7			1 — 9 — 10		
2 — 3 — 5			2 — 6 — 8			2 — 9 — 11		
3 — 3 — 6			3 — 6 — 9			3 — 9 — 12		
4 — 3 — 7			4 — 6 — 10			4 — 9 — 13		
5 — 3 — 8			5 — 6 — 11			5 — 9 — 14		
6 — 3 — 9			6 — 6 — 12			6 — 9 — 15		
7 — 3 — 10			7 — 6 — 13			7 — 9 — 16		
8 — 3 — 11			8 — 6 — 14			8 — 9 — 17		
9 — 3 — 12			9 — 6 — 15			9 — 9 — 18		

CALCUL ORAL PUIS ÉCRIT

1. — Ecrivez 2 fois les nombres de 30 à 50. — Bien séparer les nombres ; s'exercer à les reconnaître, et mettre toujours une virgule après chacun d'eux.

2. — Combien de dizaines et d'unités dans 22 ? — 35 ? — 47 ?

3. — Combien font de fruits 3 pommes, 4 poires et 5 abricots ?

4. — Ecrivez les nombres de 30 à 10, 5 fois.

5. — Décomposez les nombres de 30 à 10. — Ecrivez : 30, c'est 29 plus 1 ; 28 plus 2, etc.

6. — Quels nombres font 2 dizaines et 4 unités ? — 3 dizaines et 6 unités ? — 4 dizaines et 8 unités ?

7. — Charles et Achille ont ensemble 9 billes ; combien peuvent-ils en avoir chacun ?

8. — Additionnez 21 fruits avec 25. — Inventez un problème semblable en changeant les chiffres.

9. — Décomposez les nombres de 40 à 30 et de 50 à 40. — Voir n° 5.

10. — Combien faut-il ajouter à 15 pour avoir 18 ? — 21 ? — 24 ?

11. — Ajoutez 7 à 20, à 21, jusqu'à 30. — 5 fois.

12. — Donnez 3 nombres égaux qui fassent 12 ; — 15.

13. — Quels nombres forment : 3 dizaines et 1 unité ? — 1 dizaine et 6 unités ? — 4 dizaines et 9 unités ?

14. — Dans 35, combien de dizaines et d'unités ? — Si l'on y ajoute 7, combien y en aurait-il alors ?

15. — Additionnez 24 noisettes avec 25 ? — Ecrivez un problème semblable dont le total soit inférieur à 50 ?

16. — Ecrivez les nombres pairs de 50 à 12, et les nombres impairs de 45 à 15.

17. — Combien de centimes dans 4 sous ?— dans 5 sous ? — dans 8 sous?

18. — Quand un mètre de velours coûte 6 francs, combien coûtent 4 mètres ? — 6 mètres? — 8 mètres?

19. — Si de 3 dizaines et 8 unités j'ôte 2 dizaines et 5 unités, que restera-t-il?

20, — Combien avons-nous de doigts aux mains et aux pieds?

21. — Combien faut-il ajouter à 34 pour avoir 39? — 42? — 47?

22. — Additionnez 14 mètres de drap, 12 de toile et 23 de calicot.

23. — Jules avait 19 sous ; il achète une toupie de 2 sous et une balle de 12 sous; que lui reste-t-il? — Ecrivez un problème semblable en changeant les chiffres.

24. — Ajoutez 8 à 25, à 26, etc., jusqu'à 40.

25. — Donnez 3 nombres égaux qui fassent 24, — et 3 nombres inégaux qui fassent 18.

26. — Faire mesurer avec un décimètre la longueur d'un porte-plume, — d'un livre, — d'un cahier. — Dans un décimètre combien de fois 2 centimètres? — Vérifier. Combien de fois dans 2 décimètres, — dans 3 décimètres ?

27. — Devinez le nombre pensé : en y ajoutant 9 on a 31.

28. — Donnez trois nombres impairs et inégaux entre eux qui fassent 27. — 35.

29. — Qu'est-ce qu'une dizaine? — Où se place le chiffre des dizaines dans les nombres écrits? — A quoi sert le zéro?

30. — Un marchand a vendu 15 mètres de toile pour 21 francs et 14 mètres de calicot pour 9 francs. Combien a-t-il vendu de mètres en tout, et combien a-t-il reçu? — Ecrivez un problème semblable en changeant les chiffres.

31. — 4 enfants ont à se partager 32 noix; combien en auront-ils chacun? — Quand ils en auront mangé chacun une, que leur en restera-t-il à chacun? — en tout?

32. — Le premier du mois est un mardi, donnez la date de tous les dimanches.

33. — Ajoutez 9 à 24, à 25, jusqu'à 35. — 5 fois.

34. — Aux 3 tables d'une école il y a : 1re, 12 élèves; 2e, 13, et 3e, 14. Combien d'élèves en tout?

35. — J'ai acheté 4 mètres de drap à 12 francs l'un; combien dois-je payer? — Faites un problème semblable.

JANVIER

Programme. — Lire et écrire les nombres de 50 à 100. Problèmes pratiques d'application. — Le mètre, ses sous-multiples.

17. NUMÉRATION. — Il y a cinq dizaines de 50 à 100.

18. Pour compter de la septième dizaine à la huitième, on dit : soixante-dix, **70**; soixante-onze, **71**; soixante-douze, **72**, etc.; à huit dizaines, on dit : quatre-vingts, **80**; quatre-vingt-un, **81**; qua-tre-vingt-deux, **82**, etc.; à neuf dizaines, quatre-vingt-dix, **90**; quatre-vingt-onze, **91**; quatre-vingt-douze, **92**; etc.

19. CENTAINE. — Si l'on ajoute une unité à 9 dizaines et 9 unités ou 99, on a dix dizaines ou cent unités, qu'on nomme une centaine et qu'on écrit : **100.**

20. ADDITION. — Quand l'addition de la colonne des unités donne une ou plusieurs dizaines on les reporte à la colonne des dizaines.

21. PREUVE. — Pour faire la preuve d'une addition on la recommence en comptant les chiffres de bas en haut, si la première fois on les a comptés de haut en bas.

22. SYSTÈME MÉTRIQUE. — Le mètre est divisé en dix parties qu'on appelle **DÉCIMÈTRES.** C'est à peu près la largeur d'une main d'homme.

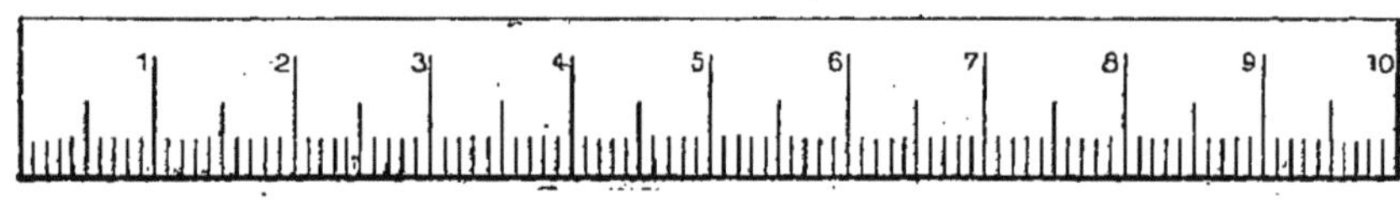

Un décimètre.

23. CENTIMÈTRE. — Le décimètre est divisé en dix parties qu'on appelle centimètres. C'est la largeur de l'ongle du petit doigt.

24. MILLIMÈTRE. — Le centimètre est divisé

en dix parties qu'on appelle millimètres. C'est la grosseur d'une petite aiguille à tricoter.

CALCUL ORAL PUIS ÉCRIT

1. — Copiez, en vous servant de votre livre, les nombres de 50 à 70, d'abord dans l'ordre croissant, puis dans l'ordre décroissant.

2. — Un homme gagne, dans sa semaine, 21 francs, sa femme 12 fr., et son fils 15 fr. Combien ont-ils gagné ensemble?

3. — Ecrivez 5 fois les nombres de 70 à 80, puis de 80 à 70.

4.— Ecrivez 5 fois les nombres : cinquante-six, soixante-deux, soixante-sept, soixante-douze, soixante-dix-neuf, quatre-vingt-quatre, quatre-vingt-sept, quatre-vingt-dix, quatre-vingt-quinze.

5. — Combien 4 dizaines, plus 3 dizaines, plus 8 unités font-elles d'unités?

6. — Donnez deux nombres qui fassent 25. — 38. — 46.

7. — Ecrivez 5 fois les nombres : soixante-quatre, soixante-neuf, soixante-dix-neuf, quatre-vingt-deux, quatre-vingt-douze, quatre-vingt-cinq, quatre-vingt-quinze, soixante-trois, soixante-treize, soixante-neuf, soixante-dix-neuf, quatre-vingt-huit, quatre-vingt-dix-huit?

8. — Mon livre a 95 pages, j'en ai lu 50; combien m'en reste-t-il à lire? — Pour faire ce problème, quelle opération faites-vous ?

9. — J'ai trois paniers remplis de pommes, le premier

en contient 3 dizaines et 4; le 2e, 2 dizaines et 8, et le 3e, 3 dizaines et 2. Combien ai-je de pommes?

10. — Mesurez avec le décimètre, la longueur de votre porte-plume, la hauteur et la largeur de votre cahier, de votre livre. Combien de centimètres?

11. — Un marchand a acheté 3 pièces de toile : la 1re a 25 mètres; la 2e, 31; la 3e, 18 mètres Combien y a-t-il de mètres en tout? Quelle opération faites-vous? — Pourquoi?

12. — Un marchand coupe 16 mètres de toile à une pièce qui en a 35; combien en reste-t-il à la pièce? — Quelle opération faites-vous? — Pourquoi?

13. — Combien font 2 dizaines, 5 dizaines et 7 unités? — Si vous en ôtez 5 dizaines et 4 unités, que restera-t-il?

14. — Que faut-il ajouter à 15 et à 18 centimètres pour avoir 4 décimètres?

15. — Donnez trois nombres pairs qui fassent 18. — 34. — 72.

16. — Vous avez 54 noix, vous en donnez 12 à chacun de vos 3 camarades; combien vous en reste-t-il? — Quelles opérations faites-vous?

17. — J'achète un livre 35 centimes et 2 cahiers à 10 centimes chacun; que dois-je? — Combien de sous?

18. — Ecrivez 3 fois les nombres de 99 à 50.

19. — Donnez 3 nombres impairs qui fassent 15. — 27. — 35. — 65.

20. — Un cordier a tressé 3 cables : le 1er a 13 mètres de long; le 2e, 18 mètres, et le 3e, 27 mètres. Quelle longueur ont-ils ensemble? Quelle opération faites-vous?

21. — J'ai 48 crayons; combien de paquets de 12 crayons puis-je faire? — Si nous sommes à 6 pour nous les partager, combien en aurons-nous chacun?

22. — Dans un mètre de drap on a pris 5 décimètres

4 centimètres pour faire un gilet ; combien reste-t-il de drap ?

23. — Combien font d'unités 3 dizaines et 4 unités ? 2 dizaines, puis 5 dizaines et 3 unités ?

24. — Un mètre de drap coûte 14 fr ; combien coûteront 3 mètres ? — 4 mètres ? — 6 mètres ?

25. — Ecrivez les nombres pairs de 50 à 98, et les nombres impairs de 99 à 51.

26. — Dans un mois j'ai acheté : pain, 9 fr.; viande, 11 fr.; beurre et œufs, 6 fr.; boissons, 8 fr.; épicerie, 14 fr.; combien ai-je dépensé ? — Quelle opération faites-vous ? — Pourquoi ?

27. — Combien de centimes dans 3 sous ? — dans 9 sous ? — dans 12 sous ? — dans 16 sous ?

28. — Que restera-t-il si l'on partage 55 noix entre 7 enfants ? — Et entre 6 ?

29. — Le mètre de toile vaut 2 fr.; combien vaudront 2 pièces de 23 mètres ? — et 3 de 15 mètres ?

30. — J'ai acheté une veste pour 25 fr., un pantalon pour 12 fr., et un gilet pour 6 fr. Combien dois-je ? Pour payer, je donne 3 louis de 20 fr. Que me rendra-t-on ?

FÉVRIER

Programme. — Soustraction. — Opérations et exemples pratiques. — Le mètre, ses multiples : décamètre et hectomètre.

25. SOUSTRACTION. — La SOUSTRACTION a pour but d'ôter un nombre d'un plus grand pour savoir ce qu'il en reste.

Ex. : J'ai 25 noix, j'en mange 10; que m'en reste-t-il ? Je fais une soustraction parce que je veux savoir combien j'ai encore de noix. J'ôte 10 de 25, le reste est 15.

26. *Règle*. — Pour faire une soustraction on écrit le plus petit nombre sous le plus grand, de manière que les chiffres représentant les unités, les dizaines, etc., soient les uns sous les autres, ce qui arrive toujours quand les virgules se correspondent; puis on fait un trait horizontal. On commence ensuite l'opération par la droite, en ajoutant à chaque chiffre inférieur ce qui lui manque pour le rendre égal au chiffre supérieur.

27. Si le correspondant supérieur était plus petit que le chiffre inférieur, on y ajouterait 10, mais on augmenterait de 1 le chiffre suivant du petit nombre.

Ex. : 1er *cas*. J'ai 75 francs, j'en dépense 24; combien m'en reste-t-il?

2e *cas*. J'ai 65 francs, j'en dépense 38 ; combien m'en reste-t-il?

1er *cas* :	75,	2e *cas* :	65,
	24,		38,
Reste :	51.	Reste :	27.

1er *cas*. On dit: A 4 unités il faut une unité pour faire 5, on écrit 1 ; à 2 dizaines il faut 5 dizaines pour faire 7, on écrit 5. Le reste est donc 51.

2e *cas*. On dit: A 8 pour faire 15, il faut 7 ; on pose 7 et on retient 1, que l'on reporte sur le chiffre suivant, 3 du plus petit nombre. On continue : 3 et 1, 4 ; il faut 2 pour avoir 6, on pose 2. Le reste est donc 27.

28. Dans la pratique on opère plus rapidement. 1er *cas*. On dit : 4 et 1 — en disant 1 on le pose — font 5 ; 2 et 5 — en le posant — font 7. C'est une addition renversée.

29. SYSTÈME MÉTRIQUE. — **MULTIPLE.** Les multiples sont des nombres de dix en dix fois plus grands que l'unité.

30. **DÉCAMÈTRE.** — Le décamètre vaut 10 mètres ; c'est le premier multiple du mètre.

31. **HECTOMÈTRE.** — L'hectomètre vaut 100 mètres ; c'est le second multiple du mètre.

CALCUL ORAL PUIS ÉCRIT

1. — Otez 2 de 8. — de 6. — de 4. — de 9. — de 7. — de 5.

2. — J'ai 16 noix, j'en donne 9 à Victor ; combien m'en reste-t-il ? — Quelle opération faites-vous ? — Pourquoi ?

3.— Pour étrennes, Léon a reçu de son père 15 fr., de sa mère, 12 fr., et de son parrain, 10 fr. Combien a-t-il eu en tout ? — Quelle opération faites-vous ? — Pourquoi ?

4. — J'ai 48 fr. dans ma bourse, j'achète un vêtement pour 35 fr. Que me reste-t-il d'argent? — Quelle opération faites-vous ?

5. — Un cantonnier a travaillé, sur un chemin, une longueur de 2 décamètres 5 mètres ; et sur un autre : 1 décamètre 8 mètres. Combien a-t-il réparé de mètres?

6. — Je devais pour 49 fr. de pain à mon boulanger, je lui ai donné à compte 35 fr. Combien lui dois-je encore?

7. — Ernest a 8 ans, son père a 24 ans de plus que lui. Quel est l'âge de son père?

8. — Charles a 17 ans de moins que son père qui en a 45. Quel est l'âge de Charles ? — Quelle opération faites-vous ?

9. — On revend 87 fr. une marchandise qui en a coûté 75. Que gagne-t-on?

10. — Une pièce de drap contient 46 mètres ; on en a enlevé une première fois 6 mètres et une seconde fois 8 mètres. Combien en reste-t-il?

11. — Dessinez un décimètre avec centimètres et millimètres ?

12. — J'ai à parcourir 38 décamètres, j'en ai fait 35. Combien m'en reste-t-il?

13. — J'ai acheté une veste pour 22 fr., un pantalon pour 15 fr., un gilet pour 7 fr. Combien dois-je ? — Pour payer j'ai 3 louis de 20 fr. Combien me restera-t-il ?

14. — Que coûtent 3 pièces de toile de 17, 14 et 15 mètres, à 2 fr. le mètre ?

15. — Que faut-il ajouter à 23, pour avoir 45 ? — 67? — 75 ?

16. — Qu'est-ce qu'une dizaine ? — A quel rang sont-elles placées dans les nombres? — Combien de dizaines et d'unités dans 17 ? — 36 ? — 75 ? — 98 ?

17. — Dans une famille le père gagne 35 fr. et les deux enfants chacun 12 fr. par semaine. Combien gagnent-ils ensemble? — Cette famille dépense 45 fr. par semaine. Quelle économie réalise-t-elle ?

18. — La différence entre deux nombres est 38, le plus grand est 76. Quel est le plus petit ?

19. — Je dois 96 fr. au percepteur pour mes impôts ; je lui ai payé : 1ᵉʳ trimestre, 25 fr.; 2ᵉ trimestre, 20 fr.; et le 3ᵉ, 20 fr.; que lui dois-je encore pour m'acquitter ?

20. — Une personne a versé trois fois de suite 15 fr. à la Caisse d'épargne ; elle avait déjà 48 fr. d'inscrits à son livret ; combien a-t-elle maintenant ?

21. — Dans une classe de 46 élèves il y a 5 tables : la 1ʳᵉ a 7 élèves ; la 2ᵉ, 8 ; la 3ᵉ, 9 ; et la 4ᵉ, 10. Combien la 5ᵉ table en a-t-elle ?

22. — J'ai 12 ans ; dans combien d'années aurai-je 60 ans?

23. — Comment reconnaît-on qu'un problème demande une addition ? — une soustraction ?

24. — Le chœur de l'Eglise a 1 décamètre 2 mètres de long ; le corps de l'église, 2 décamètres 8 mètres, et le clocher, 9 mètres. Quelle est la longueur totale du bâtiment?

25. — Pour cultiver un champ, on a dépensé : fermage, 45 fr. ; impôt, 6 fr.; semailles, 21 fr. ; labours, 24 fr. Combien a-t-il coûté ?

26. — Un navire doit faire un voyage qui durera 37 jours ; il l'a commencé le 15 janvier. A quelle époque l'aura-t-il terminé ?

MARS

Programme. — Addition et soustraction : problèmes combinés. — Le décamètre, le décimètre et le centimètre; leurs usages. — Mesures réelles.

32. Soustraction. — **PREUVE**. Pour faire la preuve d'une soustraction, on additionne le plus petit nombre avec le reste; il faut retrouver le plus grand nombre.

33. Système métrique. — Le **DÉCAMÈTRE**, sous le nom de chaîne d'arpenteur, sert à mesurer les champs.

34. DÉCIMÈTRE. — Le décimètre sert à mesurer les longueurs plus petites que le mètre, comme la hauteur et la largeur d'un livre, d'un cahier, d'un carreau, etc.

35. CENTIMÈTRE. — Le centimètre sert à évaluer les longueurs plus petites encore que le décimètre.

MESURES RÉELLES. — Les mesures réelles, c'est-à-dire celles qui existent réellement pour les

besoins du commerce ou de l'industrie, sont :
1 décimètre, 2 décimètres, 5 décimètre

1 mètre, 2 mètres, 5 mètres ;

1 décamètre, 2 décamètres.

Les trois dernières sont des chaînes
ou des rubans en toile, en cuir ou en
métal.

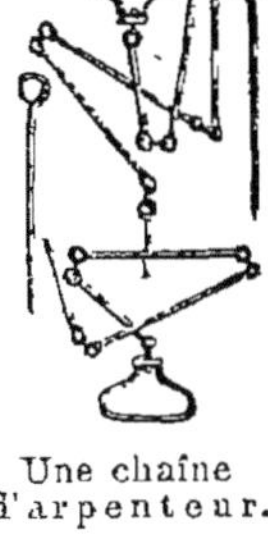

Une chaîne
d'arpenteur.

CALCUL ORAL PUIS ÉCRIT

1.— Décomposez le nombre 70 jusqu'à 50.— *Ex.:* **70,
c'est 69 et 1, 68 et 2,** etc.

2. — Quel est le double de 13? — de 25? — de 37? —
de 48?

3. — Une fermière a vendu du beurre pour 15 fr., des
œufs pour 25 fr., et du fromage pour 5 fr.; combien a-t-
elle reçu? — Avec cet argent elle a acheté une robe pour
28 fr.; combien lui reste-t-il d'argent?

4. — Combien faut-il ajouter à 47 pour avoir 91, et à 58
pour avoir 75? — Quelles opérations faites-vous? —
Pourquoi?

5. — Il y a 12 mois dans un an; combien y a-t-il de
mois dans 4 ans? — dans 6 ans? — dans 8 ans?

6. — Un cultivateur a vendu au marché : du blé pour
21 fr., de l'avoine pour 28 fr., et de l'orge pour 24 fr.;
combien a-t-il reçu? — Avec cet argent il a acheté des
tourteaux pour 36 fr.; combien lui est-il resté d'argent?

7. — Mon frère a 9 ans, ma sœur 14, leurs âges réunis
donnent le mien, et tous ensemble celui de notre père;
quel âge a-t-il?

8. — Décomposez le nombre 80 jusqu'à 60? — Comme à l'exercice 1er.

9. — Quel est le triple de 14? — de 23? — 31?

10. — Dans un an le boulanger m'a fourni du pain pour 95 fr.; je lui ai payé : 1er trimestre, 20 fr.; 2e, 18 fr.; 3e, 25 fr.; que lui dois-je encore?

11. — Combien faut-il ajouter à 27 pour avoir 54? — 69? — 95?

12. — Quelle est la moitié de 24? — de 36? — de 48? — de 64?

13. — Léon a reçu pour étrennes, 27 fr., il avait déjà 45 fr.; que lui manque-t-il pour avoir 90 francs?

14. — Un marchand a vendu 7 mètres de drap pour , et 15 mètres de toile pour 22 fr.; combien a-t-il vendu de mètres?

15. — Mon frère a 8 ans et ma sœur 18; dans combien d'années auront-ils 60 ans?

16. — Combien de trimestres dans 8 ans? — dans 12 ans? — Combien de semestres dans 15 ans? — dans 25 ans? — dans 37 ans?

17. — Décomposez le nombre 99 jusqu'à 70.

18. — Quel est le quadruple de 12? — de 17? — de 21?

19. — Je vends au marché 4 couples de poulets à 3 fr. le poulet et 12 couples de pigeons à 2 fr. le couple; combien dois-je recevoir?

20. — 4 enfants ont à se partager 84 noix; combien en auront-ils chacun?

21. — Un marchand a vendu 25 mètres de toile pour 37 fr.; 42 mètres de calico t pour 21 fr., et 9 mètres de velours pour 27 fr.; combien a-t-il vendu de mètres et pour quelle somme.

22. — Quel est le quintuple de 12? — de 14? — de 17?

23. — Un cultivateur a récolté 80 hectolitres d'avoine; il en a besoin de 45 pour ses chevaux, de 8 pour ses semailles; combien peut-il en vendre d'hectolitres?

24. — Un champ régulier a 27 mètres de long sur 18 de large; combien a-t-il de tour? — On plante sur les limites un arbre tous les décamètres; combien faut-il d'arbres?

Les Moissonneurs.

25. — Un ouvrier gagne 4 fr. par jour pendant une semaine; il dépense, dans le même temps, 3 fr. par jour; quelle économie fera-t-il en une semaine?— en 4 semaines?

26. — Je pense un nombre; en y ajoutant 27 et 34, j'ai 92; dites ce nombre?

27. — Combien y a-t-il de jours dans les trois premiers mois de l'année ordinaire? — de l'année bissextile?

28. — Je veux échanger 4 mètres de drap à 14 fr. le mètre contre de la toile à 2 fr.; combien en aurai-je de mètres? — Quelles opérations faites-vous? — Pourquoi?

3.

LANGUE FRANÇAISE [1]

OCTOBRE

Programme. — Lettres, voyelles et consonnes. Les trois sortes d'*e*. Les accents.

1. LETTRES. — L'alphabet français se compose de vingt-cinq lettres ; ce sont :

a b c d e f g h i j k l m n

A B C D E F G H I J K L M N

o p q r s t u v x y z

O P Q R S T U V X Y Z

---

1. Nous engageons les Instituteurs à mettre entre les mains de leurs élèves la grammaire élémentaire ainsi que les exercices de MM. Chassang et Humbert. Librairie Garnier Frères.

Nota. — Consulter souvent ce tableau pour bien reconnaître comment les lettres s'écrivent.

2. VOYELLES. — Il y a six voyelles : **a, e, i, o, u, y.**

3. CONSONNES. — Il y a dix-neuf consonnes : **b, c, d, f, g, h, j, k, l, m, n, p, q, r, s, t, v, x, z.**

4. MOTS. — Les mots sont composés de lettres.

5. SYLLABES. — On appelle syllabe une voyelle ou une réunion de consonnes ou de voyelles qui se prononcent par une seule émission de voix. Ex. : **a, u, bo, feu, ment,** etc.

6. ACCENTS. — Il y a trois accents : l'aigu (´), le grave (`), et le circonflexe (^).

7. Il y a trois sortes d'**e** : l'**e** muet qui se prononce faiblement : **table, pluie.**

8. L'**e** fermé qui se prononce la bouche presque fermée ; il est surmonté d'un accent aigu : **bonté, charité.**

9. L'**e** ouvert qui se prononce la bouche presque ouverte ; il est surmonté d'un accent grave : **mère, père.**

10. L'accent circonflexe se place sur les voyelles longues : **même, âne.**

1. — *Copiez les mots suivants et indiquez par un chiffre le nombre de lettres qu'ils renferment. Ex. :* **Livre, 5.**

Le Chien.

Père, mère, enfants, livre, plume, table, chien, cheval, jardin, école, soleil, lune, oiseau, maison, église, carte, bibliothèque, tableau, barbon, place, cour.

2. — *Relevez, dans le devoir suivant, les mots qui ont des majuscules.*

Paris est la capitale de la France. César vainquit Vercingétorix. Corneille et Racine sont de grands poètes français. L'Amérique a été découverte par Colomb. Les Alpes sont des montagnes qui séparent la France de l'Italie. Charles et Victor ont bien fait leur devoir.

Eglise.

3. — *Copiez le devoir suivant et soulignez d'un petit trait les voyelles. Ex.:* Lapin. — *Règle n° 2.*

LE PETIT LAPIN INDOCILE. — Un jeune lapin, échappé du terrier contre l'ordre de sa mère, se jouait au beau soleil du matin

sur l'herbe tendre et le serpolet odorant ; il était tout
entier au plaisir, tandis que sa mère, inquiète sur son
sort, le cherchait
de tous côtés.

4. — *Rempla-*
cez le tiret par la
voyelle **a**. *Ex. :*
b — **l**, écrivez
bal.

P· — p —. p
— l. — ne. T —
ble. L — p — t
— te. Le c — n
— pé. Le d — d
—. M — d — me.
M — ri — rir —.
S — t — rte cuir
—. M — c — m
— r — de ir —.
L — t — ble.

Corneille.

5. — *Remplacez le tiret par un* **e** *fermé.* — *Règle* n° 8.
Ren — . — mu. V — rit — . — pi. D — put —. T —
m — rit — . Puret —. D — cor —. — t —. s — r — nade.
D — mod —. Cur —. B — b —. — pine. Lev —. Lav —. P
— n — tr — . — vent —.

6. — *Soulignez d'un petit trait les consonnes.* — *Règle*
n° 3.

LE PETIT LAPIN INDOCILE. — Hélas ! disait-elle, si le

renard le rencontrait, il serait perdu; il ne saurait pas encore éviter et fuir ce méchant animal.

Racine.

Le renard le rencontra en effet.

7.—Mettez l'e convenable dans les mots suivants : **é è —** cu. M — re. Cur —. — tape. Prêt —. Com — te. — tude. B — n — fice. Vip-re. Pu- ret —. Gr - sil. S — v — re. Comit —. Ch — rir. M — che. P — re. S — ve.

8. — *Séparez les syllabes. Ex. :* **Pipe,** *écrivez* **pi-pe.** *Règle n° 5.*

Pâte. Midi. Navire. Elève. Rôti. Limonade. Robe. Blouse. Cuisine. Sucre. Redingote. Fourchette. Horloge. Parole. Eglise. Tableau. Cabinet. Habit. Pomme. Sabot.

9. — *Copiez en séparant les syllabes. — Règle n° 5.*

Le petit lapin indocile. — Sans vous, mon petit ami, dit-il, je courais grand risque de ne pas déjeuner aujourd'hui. Et cela dit, il sauta sur le petit lapin, dont il ne fit que trois bouchées.

La désobéissance a conduit plus d'un enfant à sa perte.

10. — *Ecrivez dix noms de deux syllabes et dix de trois.*

11. — *Faites la liste des mots qui ont une voyelle longue, puis de ceux qui ont leurs voyelles brèves. — Règle n° 10.*

Bâton. Machine. Crâne. Cuvette. Anesse. Robe. Hôte. Ile. Huître. Cruche. Patte. Plâtre. Tisane. Bêche. Grêle. Calotte. Botte. Image. Gîte. Bûche. Tulipe.

12. — *Copiez et soulignez les mots qui ont une voyelle longue.*

LE LOUP ET LE JEUNE MOUTON. — Des moutons étaient en sûreté dans leur parc ; les chiens dormaient, et le berger, à l'ombre d'un grand hêtre, jouait de la flûte avec

Le Loup et l'Agneau.

d'autres bergers voisins. Un loup affamé vint, par les fentes de la clôture, reconnaître l'état du troupeau.

13. — *Séparez les syllabes comme dans l'exercice 8.*

Légume. Avare. Casserole. Promenade. Moulin. Vigneron. Polisson. Journal. Boire. Marteau. Chameau. Capuchon. Chambre. Soupirail. Bouteille. Paysan. Canard.

14. — *Copiez le devoir suivant et soulignez les mots qui ont une syllabe muette. — Règle n° 7.*

LE LOUP ET LE JEUNE MOUTON. — Un jeune mouton sans expérience et qui n'avait jamais rien vu entra en conversation avec lui : — Que venez-vous chercher ici, dit-il au glouton? — L'herbe tendre et fleurie, lui répondit le loup.

15. — *Donnez quinze mots dans lesquels se trouve une syllabe muette.*

16. — *Soulignez les mots qui ont un **e** fermé. — Règle n° 8.*

LE LOUP ET LE JEUNE MOUTON. — Vous savez que rien n'est plus doux que de paître dans une verte prairie émaillée de fleurs, pour apaiser sa faim, et d'aller éteindre sa soif dans un clair ruisseau : j'ai trouvé ici l'un et l'autre.

17. — *Donnez quinze mots où se trouve un **e** fermé.*

18. — *Soulignez les mots qui ont un **e** ouvert. — Règle n° 9.*

LE LOUP ET LE JEUNE MOUTON. — Si cela est, vivons comme frères et paissons ensemble. Aussitôt le mouton sort du parc dans la prairie, où le sobre philosophe le mit en pièces et l'avala.

Défiez-vous des gens peu sincères qui se vantent d'être vertueux. Jugez-les sévèrement par leurs actions et non par leurs discours.

19. — *Donnez quinze mots où se trouve un **e** ouvert.*

20. — *Faites quatre colonnes des mots suivants : 1° ceux qui ont un accent aigu; 2° ceux qui ont un accent grave; 3° ceux qui ont un accent circonflexe; 4° ceux qui ont plusieurs accents.*

Apôtre. Allée. Araignée. Bêche. Blé. Bonté. Brièveté
Bûche. Célébrité. Château. Chèvre. Col-
lège. Cyprès. Débâcle. Diadème. Excès.
Flûte. Frère. Forêt. Frontière. Général.
Géographie. Grossièreté.

21. — *Faites des noms avec les mots*
*suivants. Ex. : **jouer**, écrivez **jeu**.*

Château.

Maçonner. Crayonner. Labourer. Chanter. Empoi-
sonner. Visiter. Balayer. Jouer. Effeuiller. Infirmer. Fu-
siller.

Le Pâturage.

22. — *Faites quatre colonnes comme à l'exercice 20.*
Lâcheté. Légèreté. Lézard. Maître. Mère. Minéral.
Modèle. Nièce. Pâturage. Paupière. Père. Piété. Plâtre.
Prêtre. Procès. Qualité. Résine. Rosée. Sévérité. Tête.
Théâtre. Trône. Végétal. Volonté.

23. — *Donnez dix mots de quatre syllabes et six de cinq*
syllabes.

24. — *Cherchez dans votre livre de lecture dix mots qui*
aient une syllabe longue.

25. — Donnez cinq mots qui aient un e muet; cinq, un e fermé; cinq, un e ouvert.

QUESTIONNAIRE RÉCAPITULATIF. — 1. Combien l'alphabet français contient-il de lettres? — 2. Combien y a-t-il de voyelles? — 3. Combien de consonnes? — 4. Avec quoi forme-t-on les mots? — 5. Qu'est-ce qu'une syllabe? — 6. Combien y a-t-il de sortes d'accents? — 7. Qu'est-ce que l'*e* muet? — 8. Qu'est-ce que l'*e* fermé? — 9. A quoi le reconnaît-on? — 10. Qu'est-ce que l'*e* ouvert? — 11. A quoi le reconnaît-on? — 12. Qu'est-ce qu'une voyelle longue? — 13. A quoi la reconnaît-on généralement?

NOVEMBRE

Programme. — Nom, nom commun, nom propre. Verbes exprimant l'action. Le présent de l'indicatif. Faire reconnaître le verbe dans de petites phrases faites à dessein. Conjugaisons.

11. NOM. — On appelle nom le mot par lequel on nomme une personne, un animal ou une chose. Ex. : **Henri, chien, livre.**

12. NOM COMMUN. — Le nom commun convient à toutes les personnes et à toutes les choses de la même espèce. Ex. : **hommes, femmes, maisons, plumes.**

13. NOM PROPRE. — Le nom propre ne convient qu'à une seule personne ou à une seule chose. Ex : **Paris, la France, Charles, les Alpes.**

Les Alpes.

14. Les noms propres commencent par une majuscule ou grande lettre.

15. Le **VERBE** est le mot qui indique ce que fait le nom. Ex. : **Paul chante;** chante est un verbe parce qu'il indique **ce que fait Paul.**

16. Le **PRÉSENT** marque une action qui se fait au moment où l'on parle. Ex. : **je parle, je marche, nous dansons.**

EXERCICES

I. — *Dites si les noms suivants sont des noms d'hommes*

ou des noms d'animaux. Ex. : écrivez **Louis est un nom d'homme; chien est un nom d'animal.**

La Vache.

Henri. Achille. Cheval. Mouton. Léon. Chat. Aristide. Paul. Vache. Bœuf. Émile. Lapin. Lièvre. François. Gustave. Ane.

2. — *Copiez ce devoir en remplaçant le tiret par un des noms suivants :* Leçon. Fusil. Heure. Terre. Voiture. Lièvre. Malade. Œuf. Arbre.

Le cheval traîne la —. L'horloge sonne l—. L'écolier étudie sa —. Le chien chasse le —. Le soleil éclaire la —. Le soldat porte son —. Le médecin guérit le —. Le vent déracine l—. La poule pond un —.

3. — *Dites si les noms suivants sont des noms d'hommes, d'animaux ou de choses. — Comme au n° 1ᵉʳ.*

Souris. Plume. Alfred. Crayon. Carte. Léon. Jules. Poêle. Albert. Rat. Écureuil. Renard. Cahier. Tableau. Loup. Banc.

4. — *Trouvez dix noms d'hommes, dix noms d'animaux et dix noms de choses.*

5. — *Copiez en remplaçant le tiret par un des noms suivants :*

Lait. Mur. Soulier. Voleur. Toupie. Choux. Nid. Moisson. Page.

Le Gendarme.

Léon joue avec sa —. La vache donne son —. Le jardinier plante des —. Le maçon construit le —. Jules fait sa —. Le cordonnier confectionne le. — Le gendarme prend le —. Le soleil mûrit les —. L'oiseau fait son —.

6. — *Copiez le temps suivant qui est au* **présent de l'indicatif.** — *Règle n° 16.*

Je récite ma leçon maintenant.
Tu récites ta leçon maintenant.
Il récite sa leçon maintenant.
Nous récitons notre leçon maintenant.
Vous récitez votre leçon maintenant.
Ils récitent leur leçon maintenant.

Remarquez bien les terminaisons **e, es, e, ons, ez, ent.**

7. — *Distinguez les noms communs des noms propres.* Écrivez : *Le nom Henri est un nom propre parce qu'il* **nomme une seule personne.** *Le nom livre est un nom commun, parce qu'il* **convient à tous les livres.**

Table. Marie. Louise. Chemise. Léon. Cahier.

8. — *Copiez les mots suivants et soulignez les noms propres seulement.*

Beurre. Lait. Lyon. La Seine. Château. Les Alpes. Fleur. Charlemagne. Les Pyrénées. Mer. Jardin. Paris.

Prunier. Marseille. Montagne. La Belgique. Fleuve. Lampe. La Russie. François. Papier.

Le Château.

9. — *Relevez, dans le devoir suivant, les noms* **propres** *d'abord, puis les noms* **communs.** — *Règles n° 12 et 13.*

Auguste étudie sa leçon. La France s'appelait autrefois la Gaule. Le mètre est divisé en dix décimètres. L'Europe l'Asie, l'Afrique, l'Amérique et l'Océanie sont les cinq parties du monde. Le Rhône prend sa source dans les Alpes et se jette dens la mer Méditerranée.

10. — *Conjuguez la phrase suivante au* **présent.** *Ecrivez en lettres plus grandes les terminaisons.* — Voir *ex. 6.*

Fermer son cahier maintenant.

11. — *Formez des noms avec les verbes suivants.* **Ex. :** **avec monter on fait mont.**

Arrêter. Parfumer. Profiter. Tapisser. Galoper. Aviser. Bavarder. Plomber. Poignarder. Emporter. Retarder. Saluer. Regarder. Abuser. Souhaiter. Débuter. Demander.

12. — *Quel est le fruit des arbres ou arbustes suivants?* Ecrivez : **le figuier donne la figue.**

Pommier. Cerisier. Poirier Framboisier. Groseillier. Châtaignier. Noisetier. Noyer. Grenadier. Citronnier. Mûrier. Oranger. Marronnier. Amandier.

13. — *Que fait-on avec une pipe?* — **Avec une pipe on fume.** Continuez.

Avec une plume.. Avec un couteau... Avec une aiguille... Avec un fusil... Avec une charrue... Avec un rasoir... Avec un marteau... Avec une vrille... Avec une scie... Avec un tambour... Avec un canif... Avec un crayon.

14. — *Répondez aux questions suivantes :*

Comment nomme-t-on le mot qui indique ce que le nom fait? — Donnez-en quatre.

Comment nomme-t-on les noms qui ne conviennent qu'à une seule personne ou à une seule chose? — Donnez-en quatre.

Comment nomme-t-on le nom qui convient à plusieurs personnes ou à plusieurs choses? — Donnez quatre exemples.

Qu'est-ce que le nom?

Par quelle lettre commence un nom propre?

15. — *Dans les phrases suivantes, soulignez le verbe. — Règle n° 15.*

Le cheval galope. Le canard nage. Le chasseur tire. Le chien aboie. La cloche sonne. Le serin siffle. Le pigeon vole. L'élève étudie. La pluie tombe. Le feu brûle. Le froid gèle. Le chat miaule. Le lapin ronge. Le maître commande.

La Cloche.

Pourquoi ces mots sont-ils des verbes?

16. — *Faites des verbes avec les noms suivants.* Ecrivez : **avec fil on fait filer.**

Dessin. Neige. Chant. Cire. Vol. Lime. Chemin. Bavard. Trace. Règle. Forme. Couteau. Sel. Tapis.

17. — *Conjuguez au* **présent** : Tracer sa page maintenant. Soigner toujours son écriture.

18. — *Remplacez le tiret par un des verbes suivants :* Tuer. Labourer. Bercer. Préparer. Donner. Couver. Brouter. Bêcher. Forger. Demander.

Le Laboureur.

La poule — ses œufs. La chèvre — l'herbe. Le cultivateur — la terre. Le jardinier — ses plates-bandes. Le boucher — la vache. La mère — l'enfant. Le maréchal — le fer à cheval. Le voyageur — sa route. La vache — son lait. La fermière — le dîner.

19. — *Conjuguez au* **présent** *les verbes suivants :* Cultiver son champ ce matin. Signer son livret aujourd'hui.

20. — *Faites de petites phrases dans lesquelles entrent les deux mots suivants.* Ex. : **Tonnerre, gronder. Le tonnerre gronde.**

Maître, récompenser. Elève, copier. Ouvrier, travailler

Prêtre, prier. Enfant, calculer. Chèvre, brouter. Moisson-
neur, faucher. Sentinelle, veiller. Neige, tomber. Oiseau,
chanter. Vent, soufler.

21. — *Soulignez les verbes dans les phrases suivantes :*
Le berger mène son troupeau.
La rouille ronge le fer. Le chat
mange la souris. L'oiseau dévore les chenilles. La Seine traverse Paris. Le vent agite les

Les Moutons.

feuilles. La charrue trace le sillon. Le maître raconte une
histoire. Le chemin de fer transporte les marchandises.

22. — *Formez des verbes avec les noms suivants :*
Dépense. Danse. Traverse. Marche. Fleur. Fil. Travail.
Visite. Parole. Son. Mépris. Glace. Trace. Sauce. Menace.
Grimace. Semence. Dépense. Excuse. Face. Pot. Vie.
Lit.

23. — *Complétez les phrases suivantes.* Ex. : **Le —
soigne les malades,** *Écrivez :* **le médecin soigne les malades.**

Le — abat les arbres. La — couve ses œufs. Le — pour-
suit le voleur. Le — cache la vérité. Le — greffe l'arbre.
Le — garde les moutons. Le — coupe le blé. La —
donne son lait. Le — instruit l'enfant. Le — défend le
pays. L'— récite sa leçon. L'oiseau — son nid sur l'arbre.

24. — *Conjuguez au* **présent** : Laver son linge ce
matin. Faucher son pré ce soir.

25. — *Terminez les phrases suivantes :*
Le chien mord —. L'horloge marque —. Le conducteur
mène —. La servante lave —. L'enfant salue —. La rose
orne —. Le menuisier construit —. L'élève récite —. Le
laboureur sème — La gelée détruit —. Le poêle brule —.

26. — *Mettez les verbes qui conviennent en place du tiret.*

Le cheval — la voiture. Le gendarme — le voleur. L'oiseau — son nid. Le boulanger — le pain. Le froid — les plantes. La charrue — le sillon. Le soldat — la garde. Le jardinier — ses arbres. Le maréchal — le cheval. Le cantonnier — le chemin. Le fumeur — son argent.

NOTA.— *Autres verbes qui peuvent être donnés à conjuguer :*

Cultiver ses terres. Analyser son grain. Sarcler ses carottes. Moissonner son blé. Allumer sa lampe. Tirer son vin. Dresser ses chevaux. Faucher son pré. Récolter ses fruits. Rentrer ses bestiaux, etc.

Artilleur.

QUESTIONNAIRE RÉCAPITULATIF. — 1. Qu'est-ce que le nom? — 2. Qu'est-ce que le nom commun? — 3. Qu'est-ce que le nom propre? — 4. Comment s'écrit la première lettre d'un nom propre? — 5. Qu'est-ce que le verbe? — 6. Qu'indique le présent dans le verbe? — 7. Quelles sont les terminaisons des trois premières personnes du présent? — 8. Quelles sont les terminaisons des trois personnes du pluriel? — 9. Quels sont les mots qui précèdent le verbe dans les trois personnes du singulier? — 10. Quels sont les mots qui précèdent le verbe dans les trois personnes du pluriel?

DÉCEMBRE

Programme. — Distinction du masculin et du féminin. — Formation du pluriel dans les noms. — Sujet et complément du verbe. — Le futur.

17. MASCULIN. — Les noms d'hommes sont du masculin.

18. FÉMININ. — Les noms de femmes sont du féminin.

19. Les noms devant lesquels on met **un** ou **le** sont du **masculin.**

Ex. : **Un maréchal, un chien, un livre.**

20. Les noms devant lesquels on met **une** ou **la** sont du **féminin.**

Ex. : **Une servante, une chienne, une plume.**

21. SINGULIER veut dire un seul.

Ex. : **un livre, une table, la maisonnette,** sont du singulier.

22. PLURIEL veut dire plusieurs.

Ex. : **des hommes, des livres, des tables,** sont du nombre **pluriel.**

23. RÈGLE GÉNÉRALE. — Le pluriel dans les noms se forme en y ajoutant une **s** au singulier.

Ex. : **Un homme,** singulier ; **des hommes,** pluriel.

24. SUJET DU VERBE. — Le sujet est le mot qui fait ce que le verbe indique.

Ex. : **Paul étudie sa leçon.** Paul est le **sujet**

de étudie, parce qu'il **fait l'action** exprimée par ce verbe, l'action d'étudier.

25. **COMPLÉMENT DU VERBE**. — Le complément est le mot qui achève d'exprimer l'idée commencée par le sujet et le verbe.

Ex. : **Paul étudie sa leçon. Leçon** est **complément** de étudie parce que ce nom **achève d'exprimer l'idée** commencée par le sujet et le verbe : **Paul étudie**.

26. Le **futur** marque une action qui se fera dans un temps à venir.

Ex. : **Je ferai mon devoir demain.**

EXERCICES

1. — *Donnez dix noms de professions exercées par des hommes et dix noms de professions exercées par des femmes ?*

Le Lion.

2. — *Donnez dix noms masculins et dix noms féminins.* — *Règles n°ˢ 17 et 18.*

3. — *Copiez les noms suivants et indiquez s'ils sont du masculin ou du féminin. Ex.* : **chien, masc. Vache, fém.** — *Règles n°ˢ 19 et 20.*

Le cheval. Le chat. Une mère. Une lionne. Un fro
mage. Le chemin. Une chèvre. La cave. Un grenier. Une
craie. La prune. Un lapin. Le maître. Une maison. Le
renard. Un pigeon. La poule. Le pain. Une chambre.
La plume.

4. — *Mettez* **le** *ou* **la** *devant les noms suivants, et in-
diquez-en le genre. Ex. :* **vin**, *écrivez :* **le vin, masc.**

Table. Tiroir. Pendule. Caporal. Robinet
Pierre. Brique. Boucher. Toit. Chaise. Lan-
terne. Bœuf. Tigre. Route. Charrue. Pavé.
Brouette. Groseille. Prunier. Blé. Fontaine.
Prairie. Seigle. Soldat.

5. — *Copiez le temps suivant, il est au
futur. Retenez bien les terminaisons.*

Une Pendule.

Je réciter**ai** ma leçon demain.
Tu réciter**as** ta leçon demain.
Il réciter**a** sa leçon demain.
Nous réciter**ons** notre leçon demain.
Vous réciter**ez** votre leçon demain.
Ils réciter**ont** leur leçon demain.

Conjuguez de même : Semer son champ demain. *Mar-
quez les terminaisons par une écriture plus grande.*

6. — *Mettez les noms suivants au pluriel. — Règle n° 23.*
Ex : Le chemin, *écrivez :* **les chemins.**

Le pigeon. Le bou-
chon. La lettre. Le
cahier. La chaise. Le
lièvre. La pendule. La
carpe. La fève. La
soupe. Le pâté. La

La Carpe.

croûte. Le linge. Le sabre. Le navet. Le rosier. La che-

mise. La fleur. Le carton. Le pain. Le rôti. Le potage.
Le gilet. La liberté. La maison. La fleur.

7. — *Formez des noms terminés par* **eur** *avec les* verbes
suivants. *Ex:* **changer fait changeur.**

Chanter. Flatter. Jouer. Glaner. Graver. Bouder. Bai-
gner. Opérer. Restaurer. Créer. Vérifier. Adorer. Obser-

Les Moutons.

ver. Protéger. Imprimer. Prêcher. Brasser. Forger. Administrer.

8. — *Mettez les mots au pluriel.* **Ex:** Le chemin du
village.

Les chemins des villages.

Le livre de l'écolier. Le sabre du soldat. La feuille de
l'arbre. Le vin du propriétaire. La maison du fermier. La
laine du mouton. Le maire du canton. L'arbre de la forêt.

9. — *Conjuguez au* **futur** : Faucher son pré demain.
Récolter ses fruits ce soir. — *Modèle n° 5.*

10. — *Relevez, en deux colonnes, les noms au pluriel,
puis les noms au singulier. Règles n°s 21 et 22.*

Le vent déracine les arbres. La mère soigne son enfant.
Les fleurs ornent les jardins. Les livres sont dans la biblio-
thèque. Le berger conduit les moutons dans les champs.
Le menuisier place les portes et les fenêtres. Le vigneron

descend le vin dans ses caves. Les nuits et les matinées
sont froides au printemps.

11. — *Donnez* : 4 noms au masculin singulier ;
              4 noms au masculin pluriel ;
              4 noms au féminin singulier ;
              4 noms au féminin pluriel.

12. — *Conjuguez le premier verbe au* **présent** *et le
second au* **futur**.

Herser son champ aujourd'hui et semer demain.

13. — *Mettez au pluriel les noms qui sont au singulier, et
au singulier ceux qui sont au pluriel.*

Le père. La mère. L'enfant. Les filles. Les maisons.
Quatre soldats. Une pierre. La marmite. Des plumes. Le
crayon. Les dindes. Les villes. Une femme. Des fleurs. Un
coq. Des pavés. Un platane. Des places. Une échelle.

14. — *Copiez le devoir suivant, indiquez le genre et le
nombre des noms qui s'y trouvent.*

Les plantes. — Admirez les plantes qui naissent de la
terre : elles fournissent des aliments aux hommes sains et
des remèdes aux malades. Elles ornent la terre ; elles donnent de la verdure, des fleurs odorantes et des fruits dé-
licieux. Voyez-vous ces vastes forêts qui paraissent aussi
anciennes que le monde ?

15. — *Trouvez dix noms de plantes et dix noms d'animaux ; mettez-les au pluriel.*

16. — *Ecrivez les noms au singulier.*

Les blouses des enfants. Les bêches des jardiniers. Les
charrues des cultivateurs. Les places des villages. Les
livres des écoliers. Les clochers des églises. Les fleurs
des prairies. Les fenêtres des maisons. Les tables des
écoles. Les aiguilles des tailleurs. Les éperons des

cavaliers. Les cartes des écoles. Les cahiers des écoliers.

17. — *Conjuguez le premier verbe au* **présent** *et le second au* **futur**.

Lier son blé aujourd'hui et glaner demain.

18. — *Copiez le devoir suivant, indiquez le genre et le nombre des noms qui s'y trouvent.* — *Règles n°ˢ 19 et 20.*

LES PLANTES. — Ces arbres s'enfoncent dans la terre par leurs racines, comme leurs branches s'élèvent vers le ciel. Leurs racines les défendent contre les vents, et vont chercher, comme par de petits tuyaux souterrains, tous les sucs destinés à la nourriture de leur tige. La tige elle-même se revêt d'une dure écorce qui met les bois tendres à l'abri des injures de l'air. — (Fénelon.)

19. — *Répondez aux questions suivantes :*

Par quelle lettre marque-ton le pluriel dans les noms ?

La Vache.

Comment reconnaît-on qu'un nom est au singulier ? —au pluriel?

Comment savez-vous qu'un nom est du masculin? — du féminin ?

Qu'est-ce qu'un nom commun? — un nom propre?
Qu'est-ce que le verbe?

20. — *Trouvez des noms terminés par* **erie** *avec les mots suivants. Ecrivez :* **avec pot, on fait poterie.**

Lait. Brusquer. Drap. Cheval. Gendarme. Boucher. Vitrer. Orange. Pierre. Maçon. Tromper. Tuile. Argent.

Berger. Corde. Boulanger. Plaisanter. Charcutier. Tan. Imprimeur. Vache.

21. — *Indiquez le sujet du verbe dans les phrases suivantes. Ecrivez :* **terre, sujet de tourne.** — *Règle n° 24.*

La terre tourne. Le soleil brille. La neige tombe. Le froid glace. Le tonnerre gronde. La roue tourne. La cloche tinte. Le chien aboie. La chèvre grimpe. Le laboureur sème. L'oiseau siffle. Le jardinier taille. La lampe éclaire.

Les Chiens.

22. — *Conjuguez le premier verbe au* **présent** *et le second au* **futur.**

Préparer son travail ce soir et commencer demain.

23. — *Trouvez le complément du verbe dans les phrases suivantes. Ecrivez :* **leçon, complément de étudie.** — *Règle n° 25.*

Léon étudie sa leçon. Paul ferme la porte. Henri trace sa page. Emile fait son dessin. Le maître dicte le devoir. Le pêcheur prend le poisson. La pluie inonde la plaine. Charles salue le passant. Le petit garçon aime sa sœur. Mon père lit son journal. L'épicier vend du café.

24. — *Combien de voyelles dans la phrase suivante :* Le maître récompensera les écoliers studieux ?

Séparez les syllabes dans la phrase : La perte du temps est irréparable.

Citez 6 noms de 2 syllabes, 6 de 3 et 6 de 4 ?

25. — *Indiquez le genre et le nombre des noms.*

La paille que l'on répand dans les écuries et les étables, sous les pieds des chevaux et des autres animaux, prend le nom de litière. Le laboureur commence ses travaux au lever du soleil. Le retour des oiseaux, quand le printemps revient, est la douce annonce du réveil de la nature.

26. — *Indiquez le sujet, le verbe et le complément dans les phrases suivantes.* Ex. : *Le cheval traîne la voiture.* Écrivez : **cheval, sujet; traîne, verbe; voiture, complément.**

Le meunier moud le blé. L'ouvrier aiguise son outil.

La Chèvre.

Le guide conduit le voyageur. L'instituteur récompense l'écolier. Le boucher tue le veau. La rivière inonde la prairie. La grêle détruit la moisson. La chèvre broute l'herbe. Le soldat défend la patrie. Le fermier vend son grain. La mère embrasse son enfant.

Questionnaire récapitulatif. — 1. Quels sont les noms du masculin? — 2. Quels sont les noms du féminin? — 3. Comment reconnaît-on qu'un nom est du masculin? — 4. Comment reconnaît-on qu'un nom est du féminin? — 5. Quand est-ce qu'un nom est au singulier? — 6. Quand un nom est-il au pluriel? — 7. Comment forme-t-on le pluriel dans les noms? — 8. Qu'est-ce que le sujet du verbe? — 9. Qu'est-ce que le complément d'un verbe? — 10. Qu'indique

le futur? — 11. Quelles sont les terminaisons des trois personnes du singulier? — 12. Quelles sont les terminaisons des
trois personnes du pluriel? — 13. Sont-elles les mêmes au
présent? — 14. Qu'indique le présent?

JANVIER

Programme. — Adjectif qualificatif. — Règle d'accord.

Moulin à vent.

Formation du pluriel dans les adjectifs. — Analyse. — Conjugaisons : le parfait défini.

27. Adjectif. — L'adjectif qualificatif est un mot
qui s'ajoute au nom pour en marquer les qualités
bonnes ou mauvaises.

Ex. : Dans **bon** père, **méchant** enfant, les
mots **bon**, **méchant** sont des **adjectifs qualificatifs** joints aux noms **père, enfant.**

28. L'adjectif prend le genre et le nombre du nom auquel il se rapporte.

Ex. : Le **bon** père, les **bons** pères.

29. Le pluriel dans les adjectifs se marque, en général, par une **s,** comme dans les noms.

30. ANALYSE. — **Analyser** un **nom,** c'est en dire la nature, le genre, le nombre et la fonction.

Analyser un **adjectif,** c'est en dire le genre, le nombre et le mot qu'il qualifie.

31. SIGNES ABRÉVIATIFS. — Au lieu de commun, écrivez : **com;** propre, **prop;** masculin, **masc;** féminin, **fém;** singulier, **sing;** pluriel, **pl;** adjectif, **adj;** qualificatif, **qual;** personne, **pers.**

32. VERBE. — Le parfait défini marque un temps passé complètement écoulé.

Ex. : **J'étudiai hier.**

EXERCICES

1. — *Soulignez les adjectifs dans l'exercice suivant.*
Un garçon menteur. Un écolier bavard. Un enfant propre. Un livre déchiré. Un chien fidèle. Un coq matinal. Un bel habit. Un temps froid. Un homme fou. Un ruisseau profond. Un fruit mûr. Un ouvrier intelligent. Un raisin vert. Un arbre épineux.

Pourquoi ces mots sont-ils des adjectifs qualificatifs ?
2. — *Mettez au pluriel le devoir précédent.* Ecrivez : **Un**

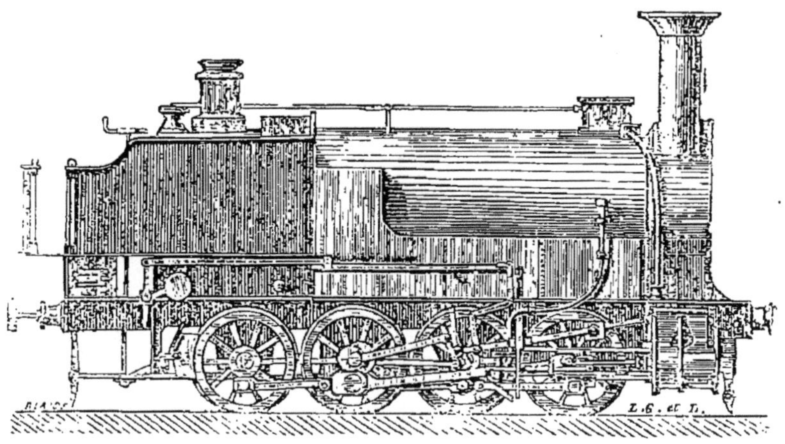

Machine à vapeur (La Locomotive.)

garçon menteur, des garçons menteurs.
Règle n° 29.

3. — *Copiez le temps suivant, il est au* **parfait défini.**

> Je récitai ma leçon hier.
> Tu récitas ta leçon hier.
> Il récita sa leçon hier.
> Nous récitâmes notre leçon hier.
> Vous récitâtes votre leçon hier.
> Ils récitèrent leur leçon hier.

Conjuguez de même : Labourer son champ la semaine passée, **et retenez bien les terminaisons.**

4. — *Soulignez les adjectifs.*
Le soleil brillant. La nuit noire. Le vent violent. La feuille verte. L'arbre élevé. La table ronde. Le soulier usé. La barbe grise. Le menton rond. La fleur odorante.

5

Le livre amusant. Le renard rusé. La branche morte. Le chemin profond.

Pourquoi ces mots sont-ils des adjectifs?

5. — *Mettez au pluriel le devoir précédent.* — *Voir Ex. : 2.*

6. — *Formez des adjectifs avec les noms suivants. Ex. :* Écrivez : **avec brute, on fait brutal.**

Commune. Fils. Colosse. Fin. Glace. Matin. Machine.

Un Tigre.   Ruche d'abeilles.

Musique. Nation. Orient. Occident. Paroisse. Pontife. Préfecture. Province. Roi. Triomphe. Région. Parti.

7. — *Quelle est la couleur des objets suivants? Ex. :* **craie.** Écrivez : **la craie est blanche.**

Encre. Sang. Lait. Or. Corbeau. Feuille de l'arbre. Charbon. L'épi mûr. Gazon. L'argent. Le ciel. Fer.

8. — *Conjuguez les deux verbes suivants : le premier, au* **parfait défini** *et le second, au* **présent.**

Étudier sa leçon hier et réciter aujourd'hui.

9. — *Dites si les qualités exprimées sont bonnes ou mauvaises. Ex. : Un méchant garçon,* **mauvaise ;** *un livre amusant,* **bonne.**

Un garçon menteur. Un tigre cruel. Un âne patient. Un homme avare. Un poulet gras. Un coq vigilant. Un maître consciencieux. Une belle maison. Un vêtement troué. Un cahier propre. Un soldat intrépide. Une fable amusante. Une abeille diligente. Une pie bavarde. Un enfant obéissant.

10. — *Analysez les sujets et les verbes. Ex. : Le merle siffle.* Ecrivez : **Merle, nom com. masc. sing. sujet de siffle.**

Siffle, verbe au présent. — *Règle n° 30.*

Le mouton bêle. L'insecte bourdonne. L'âne brait. Le chat miaule. La poule glousse. Le bœuf mugit. Le cochon grogne.

11. — *Soulignez les adjectifs.*

L'ÉCUREUIL. — L'écureuil est un joli petit animal qui n'est qu'à moitié sauvage. Il est propre, leste, vif, alerte, très éveillé, très industrieux; il a les yeux pleins de feu, la physionomie fine, le corps nerveux, les membres très dispos. Il ne s'engourdit pas pendant l'hiver.

12. — *Remplacez le tiret par un adjectif contraire. Ex. : Le lait est blanc, il n'est pas* **noir.**

Le charbon est noir, il n'est pas —. Ce fromage est mou, il n'est pas —. Cette jupe est courte, elle n'est pas —. La saison est froide, elle n'est pas —. Cette veste est grise, elle n'est pas —. L'abricot est mûr, il n'est pas —. Cette charge est lourde, elle n'est pas —.

13. — *Formez des adjectifs avec les noms suivants :*
Ex. : **Avec vice on fait vicieux.**
Paresse. Peur. Honte. Labeur. Doute. Gloire. Argile. Malheur. Chance. Fièvre. Sable. Silence.

14. — *Conjuguez les verbes suivants, le premier au* **parfait défini,** *le second au* **futur.**
Couper son blé hier et lier demain.

15. — *Soulignez les adjectifs.*

L'ÉCUREUIL. — L'écureuil est en tout temps très éveillé et, pour peu qu'on touche au pied de l'arbre sur lequel il repose, il sort de sa petite retraite, fuit sur l'arbre voisin, ou se cache à l'abri d'une grosse branche. Il a les ongles

L'Écureuil.

si pointus et les mouvements si prompts, qu'il grimpe en un instant sur un hêtre, dont l'écorce est fort lisse.

16. — *Indiquez le sujet, le verbe, et le complément dans les phrases suivantes :*

Léon chante une chanson. Le boulanger pétrit le pain. Le vigneron taille sa vigne. Mon voisin plante ses haricots. Le fermier charge sa voiture. La servante épluche les légumes. Charles sait sa leçon. Le jardinier greffe ses pommiers. Le menuisier rabote la planche. Le loriot mange les cerises.

17. — *Analysez les adjectifs dans les phrases suivantes.*

Ex. : *La terre est ronde. Ecrivez* **ronde, adj. qual. fém. sing. qual. terre.**

La poire est mûre. Le ruisseau est profond. Le clocher est élevé. Le vent est violent. Les enfants sont attentifs. La neige est blanche. Le jardin est grand. Le gazon est vert. Les chemins sont droits Le pauvre est malheureux,

18. — *Remplacez le tiret par l'adjectif convenable.* Ex. : *Le papier est —. Ecrivez :* **Le papier est blanc.**

Le charbon est —. Le cercle est —. Le vin est —. La règle est —. Le chêne est —. Le pain est —. Le vent est —. L'écolier est —. Le jardin est —. La fable est —. La rivière est —. La feuille de l'arbre est —. La leçon est —. Le cheval est —. Le paresseux restera toujours —.

19. — *Mettez au pluriel.* Ex.: *Le chemin profond. Ecrivez :* **Les chemins profonds.**

Le brave soldat. Le petit pied. La rue large. La robe longue. Le chien fidèle. Le joli jardin. Le lièvre timide; Le maître savant. Le merle noir. Le vent froid. La fermière matinale. La plume légère. Le singe rusé. Le champ labouré. La poule noire. Le petit poussin. Le bon père.

20. — *Analysez les noms et les adjectifs suivants.*

Ex: : *Le mur blanc. Ecrivez :*

mur, nom. com. masc. sing.

blanc, adj. qual. masc. sing. qual. mur.

Le fer rouge. Le garçon aimable. Le vin blanc. Les rivières profondes. Le vent froid. Les chasseurs adroits. La mère tendre. Le jardin public. Les places publiques.

21. — *Conjuguez les verbes suivants au* **parfait défini.**

Rencontrer son ami et le saluer.

22. — *Relevez les adjectifs et changez-les de nombre.*

Les jeunes chats sont vifs, légers, adroits et propres, ils

aiment leurs aises et cherchent les meubles les plus mollets pour s'y reposer. Le loup grossier et peureux de vient ingénieux par besoin et hardi par nécessité. Le père est bon et indulgent pour ses enfants.

Le Loup.

23. — *Faites, avec les noms suivants des phrases comme celle-ci :* **La terre est ronde.**

L'écolier... La rivière... Le chat... Le chien... Le raisin. La rose... La règle... Le papier... Le clou... Le plomb... La laine... La pie...

24. — *Relevez les adjectifs et mettez-les au pluriel.*

L'Ane : L'âne serait pour nous le plus utile des animaux domestiques si nous n'avions pas le cheval. Il a le naturel aussi humble, aussi patient, aussi tranquille que le cheval est fier et ardent. Dans sa jeunesse, il est vif et joli ; mais l'âge et les mauvais traitements lui font perdre sa gentillesse, et il devient lourd, indocile et têtu.

25. — *Analysez les noms et les adjectifs suivants.*

Le chapeau rond. L'abricot mûr. Le moineau franc. Les pays voisins. Les soldats français. Le devoir facile. Le marchand honnête. Le pain tendre.

26. — *Conjuguez le 1er verbe au* **parfait défini,** *le 2e au* **présent** *et le 3e au* **futur.**

Semer en automne, biner au printemps et récolter en été.

27. — *Formez des noms avec les adjectifs suivants.*

Grossier. Grand. Honteux. Silencieux. Intelligent.

Paysage des Andes.

Fraternel. Pauvreté. Jeune. Riche. Généreux. Laborieux. Poli. Instruit. Sablonneux. Vigoureux.

28. — *Indiquez le sujet, le verbe et le complément.*

Le loup dévore le mouton. La cuisinière prépare le rôti. Le bûcheron lie le fagot. La poule pondra un œuf. La plante portera des fleurs. Le soleil éclaire la terre. Le relieur rogne le livre.

Questionnaire récapitulatif. — 1. Qu'est-ce que l'adjectif qualificatif? — 2. Comment s'accorde l'adjectif qualificatif? — 3. Comment forme-t-on le pluriel dans les adjectifs en général? — 4. Qu'entendez-vous quand vous dites que l'adjectif prend le genre et le nombre du nom qu'il qualifie? — 5. Comment analyse-t-on le nom? — 6. Comment analyse-t-on les adjectifs? — 7. Que marque le parfait défini? — 8. Quelles sont les terminaisons du parfait défini? — 9. Sont-elles les mêmes que celles du présent et du futur?

FÉVRIER

Programme. — Formation du féminin dans les adjectifs. De l'article. Analyse de l'article. Exercices pratiques. Conjugaisons.

33. FORMATION DU FÉMININ DANS LES ADJECTIFS. — RÈGLE GÉNÉRALE. Quand les adjectifs ne sont pas terminés déjà par un **e** muet au masculin, ils en prennent un au féminin.

Ex. : **Grand, femme grande; petit, femme petite.**

34. ARTICLE. — **L'ARTICLE,** est un mot qui se

met devant les noms communs, pour les déterminer; il en prend le genre et le nombre.

35. L'article est **le**, pour le masculin singulier; **la**, pour le féminin singulier; **les**, pour le pluriel des deux genres.

36. ANALYSE DE L'ARTICLE.

Ex. : **Le père.**

Le, art. simp. masc. sing. détermine père.

EXERCICES

1. — *Mettez au féminin les articles suivants.* — *Règle n° 33.*

Un ouvrier adroit, une ouvrière —. Un homme bossu, une femme —. Un garçon complaisant, une fille —. Un chemin étroit, une rue —. Un habit gris, une robe —. Un tableau noir, une règle —. Un hiver froid, une journée —. Un serviteur poli, une servante —. Un fruit vert, une pomme —. Un chapeau rond, une table —. Un trou profond, une eau —. Un terrain labouré, une terre —.

2. — *Mettez l'article convenable.* — *Règle n° 35. Ex. :* *Chien, écrivez :* **le chien.**

Chat. Fusil. Terre. Prairie. Canard. Chèvre. [Clocher. Leçon. Papier. Page. Singe. Ville. Peuplier. Fleur. Drap. Ruban. Laine. Tambour. Récolte. Dindon. Berger. Lecture. Nid. Table. Boulanger. Fontaine.

3. — *Mettez les noms et les adjectifs au pluriel. Ex. :* *Le crayon noir*, écrivez **les crayons noirs.**

Le jeune enfant. Le tigre cruel. La fable amusante.

Les Singes.

Le livre neuf. La boue liquide. Le livre utile. Le tapis vert. Le clocher élevé. La belle maison. La robe courte. La main blanche. Le nid caché. Le laboureur patient. Le globe terrestre. Le lièvre timide. Le champ fertile.

4. — *Mettez l'adjectif au féminin. — Règle n° 33.*

Le bois mort, la branche —. Le raisin mûr, la pêche —. Le chemin direct, la route —. Le poids lourd, la charge —. Un drap fin, une toile —. Un garçon insouciant, une fille —. Le gousset rempli, la poche —. Le pantalon usé, la chemise —. Le front haut, la taille —. Le chien savant, la chienne —.

5. — *Formez des adjectifs terminés par* **able** *avec les verbes suivants. Ex. :* **Avec blâmer on fait blâmable.**

Labourer. Varier. Adorer. Désirer. Cultiver. Aimer. Excuser. Épouvanter. Réparer. Mépriser. Payer. Calculer. Respecter. Avouer. Solder. Habiter.

6. — *Conjuguez ces verbes au* **présent.**

Rencontrer un pauvre et vider sa bourse.

7. — *Analysez les mots suivants. — Règle n° 36.*

Le livre amusant. La pomme mûre. Les ouvriers adroits. Les balles rondes.

8. — *Donnez vingt noms d'objets qu'on voit dans une maison et faites-les précéder de l'article. Ex. : Dans une maison on voit la table, les chaises, etc.* — *Règle n° 35.*

9. — *Mettez au pluriel.*

La récolte perdue. Le pré fauché. L'âne têtu. Le canard sauvage. La page blanche. La carte muette. La chemise blanche. La perdrix grise. Le bon soldat. Le vêtement complet. Le bras droit. La jument noire. Le linge fin. La terre fertile. Le livre instructif.

10. — *Dites si les verbes sont au présent ou au futur. Ex. :* Le chien aboie ; aboie est au présent.

L'oiseau siffle. Le tonnerre gronde. Mon frère travaillera demain. Ma mère prépare le dîner. Je saluerai le passant. Léon trace son cahier. Le marchand servira la pratique. Le buveur boira. La servante lavera le linge. Le soldat écrira. Le juge condamnera. Le caissier paiera.

11. — *Copiez le devoir suivant et faites la liste des adjectifs.*

La Chèvre.

La chèvre. — La chèvre est capricieuse et vagabonde ; elle se plaît dans les endroits escarpés et dangereux, où elle va brouter des herbes odoriférantes. Avec son lait on fabrique d'excellents fromages, et avec son poil luisant et souple on fait de belles étoffes bien chaudes. La chèvre est d'un entretien facile : c'est la vache du pauvre.

12. — *Remplacez le tiret par le mot convenable.*

La première saison de l'année se nomme — — ; la

quatrième — —. Le premier mois de l'année est —; le quatrième — ; le septième — ; le onzième —. Le troisième jour de la semaine est — —; le dernier est — —. Le jour de l'an est le septième après —. Les mois ont — et — jours, excepté — qui en a — ou —.

13. — *Conjuguez le premier verbe au* **parfait défini** *et le second au* **futur.**

Planter hier, tailler demain.

14. — *Devoir à mettre au singulier. Ex. :* Les singes amusants, *écrivez :* le singe amusant.

Les bouchons légers. Les fers rouges. Les rues étroites. Les pains chauds. Les gais pinsons. Les roses jaunes. Les fossés profonds. Les leçons faciles. Les maîtres savants. Les jolis jardins. Les taupes noires. Les clous pointus. Les fruits rafraîchissants. Les cultivateurs économes. Les prairies verdoyantes.

15. — *Analysez l'article, le nom et l'adjectif.* — *Règle* n° 36.

Le tigre est cruel. La chèvre est capricieuse. Les peupliers sont élevés. Les roses sont odorantes.

16. — *Mettez les phrases suivantes au pluriel. Ex. : Le vent est froid, écrivez* les vents **sont** froids.

La voiture est prête. La cruche est cassée. Le blé est coupé. Le livre est amusant. Le chêne est élevé. Le pain est tendre. Le vêtement est coupé. Le feu est éteint. L'aiguille est pointue. La lanterne est allumée. Le trottoir est étroit. Le chemin est facile. La laitue est hâtive. Le fruit est mûr.

17. — *Avec les noms suivants formez-en d'autres terminés par* **ien.** *Ex :* **Avec garde, on fait gardien.**

Chirurgie. Comédie. Grammaire. Histoire. Magie. Mathématique. Mécanique. Milice. Musique. Paroisse. Pharmacie. Physique. Réthorique.

18. — *Répondez aux questions suivantes :* Ex. : *De quoi se sert-on pour chasser ?* — **Pour chasser, on se sert de fusil et de chien.**

De quoi se sert-on pour écrire? — pour faire un livre?

Les Moissonneurs.

— pour faire le pain? — pour faire la bière? — pour s'éclairer le soir? — pour travailler la terre? — pour couper le bois? — pour construire une maison?

19. — *Mettez les verbes des phrases suivantes au futur.* Ex. : *Je chante une chanson. Écrivez :* Je **chanterai** une chanson.

Je soigne le malade. Tu rentres ton blé. Il abat le chêne. Nous plumons nos poules. Vous plantez vos haricots. Ils hersent leurs fèves. Tu visites tes amis. Vous coupez vos laitues. Nous clouons des planches. Ils souhaitent le bonsoir. Il hâche le pâté. Je repasse le couteau. Nous rentrons dans ma cour.

20. — *Remplacez le tiret par un des adjectifs pris dans les suivants :* Paresseux. Pénible. Petit. Chaud. Gourmand. Modeste. Diligent. Utile. Grand. Abondant.

Les vêtements — sont — en hiver. La violette est —;
elle se cache sous les — buissons et les — haies. Les
enfants — et — ne sont aimés de personne. Le laboureur — est récompensé de ses travaux — par des mois-
sons —.

21. — *Mettez le premier verbe au* **parfait défini** *et le
second au* **présent**.

Préparer son terrain hier et planter ses pois ce matin.

22. — *Mettez tous les verbes au* **parfait défini**.

Je viderai mon verre. Tu casseras la noix. Il fermera
sa porte. Nous taillerons nos crayons. Vous lierez vos
gerbes. Nous visiterons nos amis. Tu récites ta leçon. Ils
écoutent en silence. Je voiture mon foin. Ils rentrent
leurs récoltes. Tu donneras un bon conseil. Nous profite-
rons de l'occasion.

23. — *Répondez aux questions suivantes.* Ex. : *Où met-
on le vin ! —* **On met le vin dans la cave.**

Le Cochon.

Où met-on le bois ? —
les livres? — la soupe? —
le pain? — les fruits? —
la cloche? — le voleur? —
le cheval? — le mouton? —
le cochon? — le lapin ? —
la poule? — le pigeon?

24. — *Trouvez le sujet,
le verbe et le complément dans les phrases suivantes :*

La bonne réveille l'enfant. L'ébéniste cire le meuble.
Le chasseur tue le lièvre. Le percepteur vérifie le
compte. Charles cueille des cerises. Le pharmacien prépare
le remède. Le gendarme prend le voleur. Le marchand
attire la pratique. Le maire administre la commune.

25. — *Donnez la définition des mots suivants.* Ex. : *Pantalon.* Ecrivez : **Le pantalon est un vêtement qui couvre les jambes.**

Chapeau. Soulier. Cuillère. Couteau. Maison. Eglise. Rivière. Plume. Vache. Cheval.

QUESTIONNAIRE RÉCAPITULATIF. — 1. Comment forme-t-on le féminin dans les adjectifs? — 2. Qu'est-ce que l'article? — 3. Quel est l'article du masculin singulier? — du féminin singulier? — du pluriel des deux genres? — 4. Comment analyse-t-on l'article? — 5. Qu'est-ce que le nom commun? — 6. Qu'est-ce que le nom propre? — 7. Comment forme-t-on le pluriel dans les noms? — 8. Qu'est-ce que l'adjectif qualificatif? — 9. Comment forme-t-on le pluriel dans les adjectifs? — 10. Comment s'accorde l'adjectif? — 11. Qu'indique le présent dans les verbes? — 12. Quelles en sont les terminaisons? — 13. Qu'indique le parfait défini? — 14. Quelles en sont les terminaisons? — 15. Qu'indique le futur? — 16. Quelles en sont les terminaisons?

MARS

Programme. — Pronom. Pronoms personnels. Accord et analyse du pronom. Idée de la proposition et de la phrase. Exercices d'application.

37. PRONOM. — Le **PRONOM** est un mot qui tient la place du nom.

Ex. : Paul est en classe, **il** étudie ; **il**, qui tient la place de Paul, est un **pronom.**

38. Les pronoms **je, tu, il, nous, vous, ils,** sont appelés **pronoms personnels** parce qu'ils

rappellent les trois personnes ; ils servent le plus souvent à conjuguer les verbes.

je, 1re pers. du sing.	**nous,** 1re pers. du plur.
tu, 2e pers. du sing.	**vous,** 2e pers. du plur.
il ou elle, 3e p. du sing.	**ils ou elles,** 3e p. du plur.

39. **ANALYSE.** — Pour analyser le pronom on en dit l'espèce, la personne, le nombre et la fonction.

Ex. : je parle, on analyse :

Je, pron. pers. 1re **pers. du sing. sujet de parle.**

40. **ACCORD.** — Le **pronom** prend le genre et le nombre du nom dont il tient la place.

Ex. : Voyez ces jardins, comme **ils** sont beaux ! **Ils,** qui tient la place de jardins, est au **masculin pluriel.**

41. PROPOSITION. — Une **PROPOSITION** est une réunion de mots ayant un sens complet.

Ex. : **Dieu est grand. Le chat mange la souris.** Voilà deux propositions.

42. PHRASE. — Une **PHRASE** est une ou plusieurs propositions formant un sens complet.

Ex. : **Le chat mange la souris. Le cheval est utile, il traîne de lourds fardeaux.**

La première phrase n'a qu'une proposition, la

Le Cheval

seconde en a deux ; elles sont séparées par une virgule.

43. Le pluriel dans les verbes, à la 3ᵉ personne, se fait par **ent.**

EXERCICES

1. — *Soulignez les pronoms personnels. — Règle n° 38.*
La terre est ronde, elle tourne sur elle-même en vingt-quatre heures. Le chien est fidèle, il défend son maître. Le vent est fort, il casse les arbres. Léon a bien travaillé, il joue. Nous aimons la promenade. Charles et Henri sont camarades, ils s'aiment bien. Le pauvre est malheureux, il demande l'aumône. Le garde champêtre soigne les

récoltes, il prend le voleur. L'oiseau cherche l'insecte, il le mange.

Pourquoi ces mots sont-ils des pronoms?

2. — *Remplacez le nom répété par le pronom convenable.* — *Règle n° 40.*

Le ver ne marche pas, le ver ne vole pas, le ver ne nage pas, le ver se traîne, le ver rampe. Les chacals sont très voraces; les chacals déterrent les morts, et, quand les chacals pénètrent dans les étables, les chacals dévorent jusqu'au cuir des harnais. La cloche est très utile, la cloche sonne les heures, la cloche sonne pour les vivants, la cloche sonne pour les morts, la cloche sonne l'alarme, la cloche sonne encore pour les réjouissances publiques.

Le Renard.

3. — *Indiquez la personne des pronoms dans les phrases suivantes.* — *Règle n° 38.*

Je ferme mon pupitre. Nous récitons notre fable. Il aime ses parents. Tu coupes ton pain. Ils parlent trop. Vous saluez le vieillard. Tu franchiras le fossé. Vous casserez une branche. Nous prendrons le voleur. Je lierai le chien. Ils arrivèrent trop tard. Il vient.

Combien de propositions? — Pourquoi?

4. — *Remplacez le tiret par l'adjectif convenable, au féminin.*

L'arbre vert, la feuille —. Un repas frugal, une collation —. Un grand terrain, une — propriété. Le canif ouvert, la porte —. Le crayon cassé, la plume —. Le champ labouré, la terre —. Un pied nu, une jambe —. Un renard adroit et rusé, une fouine — et —. Un discours brillant et étudié, une harangue — et —.

5. — *Ecrivez d'abord la phrase au singulier, puis au pluriel*. **Ex. :** Je coupe mon bois, **nous coupons notre bois.**

Tu aiguises ton couteau. Il tourne un moyeu. Je fouette ma mule. Il filtre son eau. Tu repasses le linge. Je respirerai à l'aise. Il ferma l'étable. Tu bourdonnes à mon oreille. Je voûte ma cave. Il berce son frère. Tu décoreras ta façade.

6. — *Analysez les pronoms sujets dans les phrases suivantes*. **Ex. :** Je trace ma page, écrivez : **Je, pron. pers. I**^{re} **per. du sing., sujet de trace.**

Je fabrique des chandelles. Nous serrerons nos livres. Tu blesses ton camarade. Il imite les grands. Vous souffrez de la poitrine. Ils dévastent nos champs. Je connaîtrai le pays. Vous viendrez

Le Chandelier.

nous voir. Nous chasserons ensemble. Ils tueront des lièvres. Tu aimeras la campagne. Il fera beau.

Combien de propositions ?

7. — *Conjuguez au* **présent,** *puis au* **parfait défini.**

Ecouter beaucoup et parler peu.

8. — *Formez des noms terminés par* **té** *avec les adjectifs suivants. Ecrivez :* **avec divin, on fait divinité.**

Beau. Digne. Docile. Egal. Gai. Fatal. Ferme

Général. Grave. Habile. Honnête. Honorable. Humain. Léger. Net. Limpide. Malin. Moral. Nouveau. Oisif. Propre.

9. — *Mettez au pluriel les phrases suivantes.* **Ex.** : *Le chasseur tire le lièvre*, *écrivez* : Les chasseurs **tirent** les lièvres. — *Règle n° 43.*

Le Général (Faidherbe).

L'enfant fréquente la classe. La charrue trace le sillon. Le jardinier tond la haie. Le notaire dresse l'inventaire. Le lapin creuse le terrier. Le facteur distribue la lettre. La poule appelle son poussin. Le pompier préserve la maison. Le copiste achève le manuscrit. Le bœuf laboure le champ. L'insecte bourdonne dans la haie.

Combien de phrases ?

10. — *Remplacez le tiret par le pronom personnel convenable.*

L'élève répète la leçon, — prépare son devoir, — étudie ce problème, — soigne sa page. Nous achevons notre moisson, — préparons notre grange, — rentrons notre blé. Le cultivateur laboure sa terre, — la herse, — la sème. L'hirondelle mange en

Le Casque du Pompier.

volant, — boit en volant, — donne à manger à ses petits en volant. Paul et Henri jouent, — tombent, — se blessent, — pleurent.

Combien de phrases ? Combien de propositions ?

11. — *Mettez au féminin en remplaçant Paul par Pauline.*

Paul est un charmant enfant : il est bien élevé, docile.

La Basse-Cour.

Il arrive le premier en classe et il en sort le dernier. Il n'est ni bavard, ni dissipé ; quand il n'est pas interrogé, il écoute répondre ses petits camarades. Il est poli avec tout le monde. Je voudrais voir tous les petits garçons ressembler à Paul.

12. — *Dites qui demeure dans les lieux suivants. Ex. :* *Presbytère.* **Le curé demeure dans le presbytère.**

Auberge. Ruche. Collège. Ferme. Brasserie. Epicerie. Moulin. Colombier. Ecurie. Bergerie. Basse-cour. Ville. Château. Village. Hôpital.

13. — *Analysez les phrases suivantes.*

La rouille ronge le fer. Le professeur donne le devoir, il corrige la dictée.

14. — *Mettez au singulier les phrases suivantes.*

Les savetiers raccommodent les souliers. Les bergers tondent les moutons. Les bûcherons fendent les rondins.

Le Moulin à eau.

Les chouettes nichent dans les trous. Les araignées tissent leurs toiles. Les marins tendent les cordages. Les chemins de fer transportent les voyageurs. Les douaniers surveillent les fraudeurs. Les charrons serrent les roues.

15. — *Dites 1° combien de syllabes, 2° de voyelles dans les phrases suivantes.*

La véritable égalité n'existe pas sur la terre. Les départements font construire des routes à leurs frais.

16. — *Copiez ce devoir; faites la liste des noms, puis celle des adjectifs et mettez-les au pluriel.*

L'OURSE ET LE PETIT OURS. — Une ourse avait un petit ours qui venait de naître. Il était horriblement laid ; c'était une masse informe et hideuse. L'ourse, toute honteuse d'avoir un tel fils, va trouver sa voisine la corneille, qui faisait grand bruit, par son caquet, sur un arbre. « Que ferai-je, lui dit-elle, ma bonne commère, de ce petit monstre? J'ai envie de l'étrangler. »

17. — *Conjuguez au futur.*

Couper son bois, le lier et le rentrer.

18. — *Trouvez des noms terminés en* **ance** *ou* **ence**, *avec les adjectifs suivants : Ex :* **avec innocent on fait innocence.**

Abondant. Absent. Bienfaisant. Confiant. Constant. Clément. Croyant. Défiant. Diligent. Distant. Elégant. Imprudent. Indulgent. Obéissant. Présent. Souffrant. Tempérant. Vaillant.

19. — *Donnez dix mots qui aient un e muet; dix, un e fermé; dix, un e ouvert.*

20. — *Copiez le devoir suivant. Faites la liste des verbes. Relevez les pronoms et indiquez les noms dont ils tiennent la place.*

L'ourse et le petit ours. — Gardez-vous-en bien dit la causeuse : léchez doucement votre fils, il sera bientôt joli, mignon et propre à vous faire honneur. La mère la crut, elle le lécha longtemps ; il commença à devenir moins difforme, et elle alla remercier la corneille en ces termes : « Si vous n'eussiez modéré mon impatience, j'aurais cruellement déchiré mon fils, qui fait maintenant tout le plaisir de ma vie. »

Oh ! que l'impatience empêche de biens et cause de maux !

21. — *Remplacez les mots entre parenthèse par l'adjectif qui a la même signification. Ex :* L'âme (**de l'homme**), écrivez : l'âme **humaine.**

Le drapeau (de la France). Le bonheur (de la terre). Le

gouvernement (de la République). L'école (de la commune). Les routes (du département). Les travaux (des champs).

Un visite (d'amis). Une bonté (de père). Un cœur (de mère). Une circulaire (du préfet). L'amour (du fils). L'armée (de la nation). Les coutumes (de l'Orient). Un ton (de docteur).

22. — Copiez le devoir suivant en faisant accorder les adjectifs entre parenthèse. Ils sont écrits au masculin singulier.

LE BŒUF DE LABOUR. — Un (bon) bœuf, pour la charrue, ne doit être ni trop gras ni trop (maigre) ; il doit avoir la tête (court) et (ramassé) ; les oreilles (grand), bien (velu) et bien (uni) ; les cornes (fort), (luisant) et de (moyenne) grandeur, le front (large), les yeux (gros) et (noir), le mufle gros et camus, les naseaux bien (ouvert) les dents (blanc) (et égal), les lèvres (noir), le cou charnu, les épaules (lourd) et (pesant).

23. — Conjuguez au parfait défini : Visiter le malade, le soigner et le consoler.

Le Bœuf.

24. — Analysez : Les grands arbres attirent la foudre. Le savetier raccommode les vieux souliers.

25. — Relevez les pronoms personnels, indiquez de quels noms ils tiennent la place.

Je propose une partie de balle, elle sera amusante. Nous cultivons nos champs, ils produisent beaucoup. Paul et Henri saluent les passants, ils sont polis. Nous cueillerons des pommes, elles sont mûres. Tu conduiras la chèvre, elle broutera l'herbe. Vous couperez votre blé, il est beau. Julie finit son tricot ; elle est adroite, car il est élégant.

26. — Copiez le devoir suivant en faisant accorder les adjectifs entre parenthèse. Ils sont au masculin singulier.

LE BŒUF DE LABOUR. — Le bœuf de trait a la poitrine

(large), le fanon, c'est-à-dire la peau de devant (pendant),
jusque sur les genoux, les reins (fort), le ventre spacieux
et tombant, les flancs (grand), les hanches (long), la croupe
(épais), les jambes et les cuisses (gros) (et nerveux), le
dos (droit) et (plein), la queue (pendant) jusqu'à terre, et
(garni) de poils (touffu), les pieds (ferme), le cuir (gros-

Le Laboureur.

sier) et (maniable), les muscles (élevé) et l'ongle (court)
et (large).

Questionnaire récapitulatif. — 1. Qu'est-ce que le
pronom? — 2. Qu'est-ce que le pronom personnel? —
3. Nommez les pronoms du singulier? — 4. Nommez les pronoms du pluriel? — 5. Comment analyse-t-on un pronom personnel? — 6. Comment s'accorde le pronom? — 7. Quels sont
les pronoms de la 3ᵉ personne du singulier et du pluriel? —
8. Quels sont les pronoms de la 2ᵉ personne? — 9. Quels sont
ceux de la 1ʳᵉ personne? — 10. Comment se marque le pluriel
dans les verbes, à la 3ᵉ personne? — 11. Quelle est la lettre
qui termine la 2ᵉ personne du singulier de tous les verbes?
— 12. Qu'est-ce qu'une proposition? 13. — Qu'est-ce qu'une
phrase?

QUATRIÈME PARTIE

HISTOIRE DE FRANCE [1]

Observations. — Les leçons d'histoire que l'on présente ici sont des plus élémentaires ; elles se composent de douze questions à apprendre par mois et d'une lecture par semaine. Cette répartition a été choisie parce que, en général, tous les emplois du temps, dans les écoles primaires, comportent hebdomadairement trois leçons.

Un questionnaire fait suite aux lectures, afin que le maître puisse s'assurer facilement qu'elles ont été bien comprises.

Il demeure entendu qu'un exposé oral, clair et précis de la leçon sera toujours fait, avant que l'élève ait à étudier l'alinéa qui y correspond.

OCTOBRE

Programme. — La Gaule et les Gaulois. Aspect du pays. Mœurs. Les druides. Vercingétorix et César. La religion chrétienne.

1. — *Quel nom portait autrefois notre patrie ?*

Notre partie s'appelait autrefois la **Gaule** et ses habitants, les **Gaulois**. Elle avait pour limites le Rhin, les

---

1 Ouvrage recommandé. Cours d'Histoire de France, par M. André Grégoire. Librairie Garnier Frères.

Alpes, la Méditerranée, les Pyrénées et l'Océan Atlantique.

2. — *Quel était l'aspect du pays ?*

La Gaule était couverte de marais inabordables, de vastes forêts inexploitées, peuplées de loups, d'ours et de grands bœufs sauvages. Le froid y était vif.

3. — *Quel était le caractère des Gaulois ?*

Les Gaulois étaient généreux, hospitaliers, aimant par-dessus tout la liberté, mais en même temps ils étaient légers, inconstants et querelleurs. Ils aimaient la guerre avec passion et méprisaient la mort.

4. — *Quelle était leur religion ?*

Le **Druidisme**. Les Gaulois adoraient le soleil, la lune, les astres, les eaux, le tonnerre, etc. ; les Druides, leurs prêtres, étaient à la fois sacrificateurs, juges, conseillers des chefs et instituteurs. Ils croyaient à l'immortalité de l'âme.

5. — *Quel peuple apporta aux Gaulois un commencement de civilisation ?*

Les **Grecs**, 600 ans avant **Jésus-Christ**, fondèrent Marseille sur les bords de la Méditerranée ; la ville nouvelle devint bientôt le centre d'un grand commerce.

6. — *Quels furent leurs rapports avec les Romains ?*

Ils étaient tantôt amis, tantôt ennemis. Vers l'an 390, ils prirent et pillèrent **Rome**. Pour les éloigner, les Romains durent leur donner mille livres pesant d'or.

7. — *Par qui la Gaule fut-elle conquise ?*

La Gaule fut conquise par **Jules César**, en l'an 51 avant Jésus-Christ ; la lutte dura huit ans.

8. — *Qui défendit la Gaule contre César ?*

Ce fut **Vercingétorix**, chef d'une illustre famille des **Arvernes**, habitants du pays appelé aujourd'hui

l'Auvergne. Après une lutte héroïque, les Gaulois furent vaincus à **Alésia**.
Leurs divisions avaient causé leur perte.

9. — *Que devint la Gaule sous l'administration romaine ?*

Les Gaulois ne furent ni réduits en servitude ni privés de leurs biens. La civilisation romaine pénétra dans la Gaule et rendit le pays florissant. Les forêts furent défrichées, des routes traversèrent le pays, des villes furent créées et ornées de monuments magnifiques.

Jules César.

10. — *Quelle ville se développa surtout à l'époque romaine ?*

La cité des **Parises** ou **Parisiens**, qui s'appelait **Lutèce**, prit alors un grand développement ; elle devint l'entrepôt de toutes les marchandises de la région. C'est aujourd'hui Paris, la capitale de la France.

11. — *A quelle époque le christianisme se répandit-il en Gaule ?*

Ce fut du IIe au IVe siècle ; la Gaule eut ses martyrs comme les autres pays : **saint Denis**, à Paris ; **saint Pothin** et **sainte Blandine**, à Lyon.

12. — *Comment finit la domination romaine en Gaule?*

Au commencement du Ve siècle, l'Empire romain affaibli par une longue décadence, fut envahi de toutes parts par des bandes **barbares** venues de la **Germanie**, c'est-

6.

à-dire de l'Allemagne. Parmi elles se trouvaient les **Francs** qui occupèrent le nord de la Gaule.

LECTURES

1. — Premiers habitants de la Gaule.

Les premiers habitants de notre pays nous sont fort peu connus ; ils vivaient dans les cavernes ou bien encore, au milieu des lacs, dans de misérables cabanes construites sur pilotis.

Peu à peu ils apprirent à tailler la pierre. Avec des fragments de silex, ils se firent des armes : lances ou haches ; des outils indispensables : des couteaux, des scies, par exemple. Ils se servirent de poteries grossières ; ils surent employer les os et les cornes des animaux.

2. — Les Gaulois.

Les **Gaulois**, nos ancêtres, étaient grands et robustes leurs cheveux étaient blonds, leur peau blanche. Ils vivaient dans des huttes, faites de boue et de planches, formées d'une seule pièce ronde, ouvertes au jour par la porte seulement, avec des toits pointus couverts de chaume. Ils manquaient de meubles, dormaient sur l'herbe ou sur la paille. Ils ne se nourrissaient que de viande, et ils ne s'occupaient que de la guerre et d'un peu de culture. Ils prenaient leurs repas, non point assis sur des sièges, mais accroupis autour d'une table ronde, sur des peaux de loups et de chiens.

3. — Les Druidés. — Le Gui sacré.

La religion était enseignée aux Gaulois par les **Druides** ou hommes des chênes, ainsi appelés parce qu'ils vivaient au fond des forêts.

La cérémonie la plus importante du culte était la récolte du Gui. A certaines époques, un druide allait couper solennellement, avec une faucille d'or, la plante sacrée. Un autre druide la recevait sur une toile blanche et en distribuait des feuilles aux assistants. On croyait que ces feuilles avaient la vertu de guérir toutes les maladies.

4. — VERCINGÉTORIX SE REND A CÉSAR.

Au matin de l'horrible nuit qui suivit le dernier combat, on vit sortir des portes d'Alésia, un cavalier de haute taille, couvert d'armes splendides, monté sur un cheval magnifiquement paré : c'était Vercingétorix. Il traversa au galop l'intervalle des deux camps, tourna trois fois autour du tribunal de César, puis sautant à bas de son cheval, jeta aux pieds du Romain, son casque, son glaive, et se tint immobile, sans proférer une parole.

La statue de Vercingétorix à Alise-Sainte-Reine (Côte-d'Or).

Devant la majesté d'une telle infortune, les durs soldats

Bataille de Tolbiac.

se sentaient émus; **César**, insensible à la grandeur
d'âme du vaincu qui se livrait volontairement pour

sauver ses frères, éclata en reproches, en injures, et livra le héros gaulois aux liens des licteurs.

Questionnaire — 1. Quelles demeures avaient les premiers habitants de notre pays? — Avec quoi se firent-ils des outils, des armes? — Comment se servaient-ils des os et des cornes des animaux? — 2. Faites le portrait des Gaulois? — Parlez de leurs demeures? — De leurs repas? — Quelles étaient leurs occupations? — 3. Comment s'appelaient les prêtres des Gaulois? — Quelle était la cérémonie la plus importante de leur culte? — Qu'est-ce que le gui? — Comment se faisait la récolte du gui? — Quelle vertu lui attribuait-on? — 4. Pourquoi Vercingétorix se livra-t-il à César? — Comment se présenta-t-il devant César? — Que pensez-vous de cette conduite? — Que fit César? — Quel fut le sort de Vercingétorix? — Que représente la gravure ci-dessus?

NOVEMBRE

Programme. — Invasion des barbares. Attila et sainte Geneviève. Clovis. Charles Martel. Charlemagne. Les Normands.

1. — *Qu'étaient les Francs?*

Les **Francs** étaient une réunion de tribus germaines qui avaient lutté longtemps contre les Romains. C'étaient de terribles guerriers adorateurs d'**Odin**, le dieu des combats. Leur arme favorite, était la francisque.

2. — *Quels peuples s'étaient fixés en Gaule en même temps que les Francs?*

Ce furent d'abord les **Burgondes** ou **Bourguignons**, qui occupaient le bassin du Rhône, les **Wisigoths**, qui soumirent le pays compris entre la Loire et les Pyrénées. Plus tard, de nouveaux barbares, les **Huns**, menacèrent la Gaule.

3. — *Parlez des Huns?*

Les **Huns** venaient de l'**Asie**; ils étaient horribles à voir avec leur visage osseux, percé de petits yeux, leur nez plat et large et leurs oreilles énormes. Ils avaient pour chef Attila. Ils furent vaincus près de **Châlons-sur-Marne** en 451.

4. — *Dans quelle famille les Francs choisirent-ils leurs rois?*

Dans la famille des **Mérovingiens**. **Clovis** a été un des plus remarquables, par son habileté et son courage et aussi par ses perfidies et ses violences. A sa mort, en 511, il était devenu le maître de presque toute la Gaule.

5. — *A quelle occasion se fit-il chrétien?*

A la bataille de **Tolbiac**, contre les **Alamans**; il se voyait vaincu quand il invoqua le Dieu de **Clotilde**, sa femme, qui était chrétienne. Un nouvel effort rétablit le combat et les Alamans furent mis en fuite. Il se fit baptiser par saint Remi, avec trois mille de ses guerriers.

6. — *Comment gouvernèrent les successeurs de Clovis?*

Les successeurs de Clovis s'affaiblirent par leurs luttes intestines. Après **Dagobert,** qui eut un ministre habile, **saint Eloi**, les rois abandonnèrent le gouvernement aux **Maires du Palais;** aussi l'histoire les a-t-elle flétris justement du nom de **rois fainéants.** Des Maires du palais devait sortir la seconde race de nos rois.

7. — *Quelle grande bataille fut livrée en 732?*

La bataille de **Poitiers**. Les **Arabes** avaient commencé la guerre sainte pour répandre partout la religion mahométane; ils avaient soumis le nord de l'Afrique et l'Espagne, le tour de la Gaule était venu : ils furent vaincus.

8. — Quel fut le premier roi de la seconde race ?

Ce fut **Pépin le Bref**, fils du Maire du palais **Charles-Martel**, qui s'était distingué à la bataille de Poitiers. Avec l'appui du pape **Zacharie**, il s'empara de la couronne que les rois fainéants ne méritaient plus de porter. Le plus grand roi de cette race est **Charlemagne**.

9. — Parlez de Charlemagne.

Charlemagne régna de 768 à 814. Il fit 55 expéditions contre les barbares qui menaçaient la Gaule et le christianisme. Il vainquit les **Lombards**, les **Arabes** et les **Saxons**. En l'an 800, le pape Léon III le couronna **Empereur d'Occident**.

10. — Que fit-il pour civiliser les peuples conquis ?

Il fit des lois sages appelées **capitulaires** auxquelles tous devaient obéir. Il réunit deux fois l'an les principaux Francs dans des **Assemblées nationales**. Il créa des écoles ; il en eut une dans son propre palais où il se plaisait à surveiller le travail des enfants.

11. — Quelles sont les causes qui amenèrent la destruction de l'œuvre de Charlemagne ?

Ce sont : 1° la diversité des lois, des mœurs, des langues des peuples vaincus : chacun d'eux voulut reconquérir son indépendance; 2° les invasions des **Normands**; 3° la faiblesse des descendants de Charlemagne, princes indolents ou incapables qui établirent la **Féodalité**.

12. — Qu'étaient-ce que les Normands ?

Les **Normands** étaient des pirates venus du Danemark et de la Norwège ; ils ruinèrent la France par de nouvelles invasions en 886; ils échouèrent au siège de

Paris. En 911, Charles le Simple donna sa fille Gisèle en mariage à leur chef **Rollon**, avec la Neustrie, qui prit alors le nom de **Normandie**.

LECTURES

1. — LES FRANCS.

Les **Francs** étaient célèbres par leur courage. Ils relevaient et rattachaient sur le sommet du front leurs cheveux d'un blond roux, qui formaient une espèce d'aigrette et retombaient par derrière en queue de cheval. Leur visage était entièrement rasé, à l'exception de deux longues moustaches qui leur tombaient de chaque côté de la bouche. Ils portaient des habits de toile serrés au corps et sur les membres, avec un large ceinturon auquel pendait l'épée.

2. — SAINTE GENEVIÈVE.

A l'approche des hordes d'**Attila** les habitants de **Paris** se préparaient à fuir ; une jeune fille de Nanterre, **Geneviève**, ranima leur courage. Pendant que les femmes imploraient dans les églises l'assistance du ciel, elle conjura les hommes de s'armer, leur disant qu'il valait mieux trouver une mort honorable en combattant que mourir de misère dans un exil honteux. Ils la traitèrent d'abord de folle ; néanmoins ils obéirent à la jeune fille. Les Huns n'attaquèrent pas Paris. Les Parisiens reconnaissants la prirent pour patronne.

3. — LE VASE DE SOISSONS.

Les **Francs**, dans leurs expéditions, avaient pris dans l'église de Reims un vase d'une grande beauté.

Saint Remi le fit redemander à **Clovis** qui le réclama pour sa part à ses guerriers, dans le partage du butin à Soissons. Un Franc brutal lui répondit en frappant le vase : « Tu n'auras que ce que le sort te donnera. » Clovis

Le Vase de Soissons.

dissimula sa colère ; mais l'année suivante, dans une revue, il s'arrêta devant le soldat : « Tes armes sont en mauvais état, lui dit-il », et il les jeta à terre. Comme le Franc se baissait pour les ramasser, Clovis lui fendit la tête en s'écriant : « Souviens-toi du vase de Soissons. »

4. — CHARLEMAGNE ET LES ÉCOLIERS.

Charlemagne aimait à visiter les écoles. Un jour il se fit présenter les travaux des élèves et il remarqua que les fils des pauvres étaient au premier rang, tandis que les nobles occupaient les dernières places. Alors l'empereur faisant passer à sa droite les fils des pauvres leur dit :

7

« Mille grâces, mes enfants, de ce que vous vous êtes appliqués au travail, je vous donnerai des évêchés et des abbayes. Puis se retournant vers les fils des nobles il leur dit d'un ton sévère : « Par le roi des cieux, je ne me soucie guère de votre noblesse et de votre beauté, vous vous êtes livrés à la mollesse, au jeu, à la paresse,

Charlémagne.

tenez ceci pour dit, que si vous ne répondez, par un zèle vigilant, à votre négligence passée, vous n'obtiendrez jamais rien de Charles. »

Questionnaire. —1. Qu'étaient les Francs ? — Quelle était leur coiffure ? — Comment étaient-ils vêtus ? — 2. Quelle ville était menacée par les Huns ? — Parlez de la terreur des Parisiens. — Comment furent-ils encouragés par Geneviève ? — Le souvenir de Geneviève a-t-il persisté ? — 3. Clovis aimait-il les évêques ? — Quelle réclamation fut faite par saint Remi? — Que répondit Clovis? — Que dit Clovis à ses guerriers ? — Que fit un soldat brutal ? — Comment Clovis s'est-il vengé ? — Que nous montre cette anecdote? — 4. Quelle remarque fit Charlemagne en visitant les écoles? — Que dit-il aux bons élèves? — Que dit-il aux paresseux ? — Qu'en pensez-vous ?

Ecrivez ce que vous voyez dans les gravures de votre livre?

DÉCEMBRE

Programme. — Féodalité. Suzerains et vassaux. Rôle de l'Eglise. La chevalerie. Les croisades. Récapitulation.

1. — *Comment la féodalité s'est-elle constituée ?*

Les rois récompensaient les services qu'on leur rendait par des dons de terre à titre viager ; **Charles le Chauve** fut forcé de les rendre héréditaires. Les ducs et les comtes qui administraient les provinces eurent le même privilège. La *féodalité* fut ainsi constituée.

2. — *Quel était alors l'état de la France ?*

Elle se trouva ainsi morcelée en plus de 70.000 fiefs dont les possesseurs jouissaient des droits qui ne doivent appartenir qu'au souverain. Ils rendaient la justice, levaient des impôts et des soldats, faisaient des lois et battaient monnaie.

3. — *Parlez des suzerains et des vassaux.*

Les plus puissants seigneurs étaient considérés comme protecteurs des plus faibles, ils s'appelaient **suzerains** ; les seigneurs protégés étaient leurs **vassaux** ; tous étaient vassaux du roi de France. Les paysans ou serfs étaient livrés à l'entière discrétion du seigneur. La France se couvrit de châteaux forts.

4. — *Quelle était la situation du pays?*

Les guerres privées entre seigneurs causèrent des calamités effroyables et, par leurs ravages, amenaient de terribles famines et de cruelles épidémies. Des hommes avides ne respectaient aucune propriété et se livraient au pillage avec une audace effrénée.

5. — *La royauté était donc bien impuissante?*

Une nouvelle famille, celle des **Capétiens**, était montée sur le trône ; la royauté semblait ne plus être qu'un vain titre. Le roi de France avait pour domaine le **Duché de France**, avec Paris pour capitale ; son autorité sur le reste de la France était plutôt nominale que réelle.

6. — *Quel fut le rôle de l'Eglise dans cette société?*

L'Église dirigea la société ; elle organisa la **chevalerie** chrétienne ; elle s'efforça de mettre un terme aux guerres privées par la **trêve de Dieu** ; elle donna un aliment à l'esprit guerrier et aventureux de la société féodale, en la portant vers les expéditions lointaines dont les plus remarquables furent les **croisades**.

7. — *Quel caractère l'Eglise donna-t-elle à la chevalerie ?*

C'était depuis longtemps l'usage que le jeune noble de vingt et un ans, après être resté auprès de son seigneur, sept ans comme page et sept ans comme écuyer, reçût, dans une cérémonie solennelle, les armes de chevalier, c'est-à-dire la lance et l'écu. L'Eglise rendit cette cérémonie religieuse.

8. — *Qu'est-ce que les croisades?*

Les **croisades** furent des expéditions guerrières entreprises par les chrétiens, contre les musulmans, pour la délivrance de la Palestine ou Terre sainte. La première croisade fut prêchée par **Pierre l'Ermite** ; les croisés s'emparent de Jérusalem en 1099 ; **Godefroy de Bouillon** en fut proclamé roi.

9. — *Quels furent les résultats des croisades ?*

Elles contribuèrent à l'affranchissement des communes ; elles fortifièrent le pouvoir royal en affaiblissant la féodalité ; elles ont, pendant deux siècles, arrêté l'invasion musulmane ; elles donnèrent une vigoureuse impulsion aux sciences, au commerce, à l'industrie.

10. — *Révision des matières étudiées pendant les mois d'octobre, de novembre et de décembre.*

LECTURES

1. — LE CHATEAU FÉODAL.

Le château féodal se dressait sur une hauteur escarpée ou au fond d'une vallée. La tour était flanquée de tourelles et couronnéed'un haut corps de garde ; elle se présentait toute couverte de têtes de sangliers et de loups.

Château Féodal.

Entriez-vous? trois enceintes, trois fossés, trois ponts-levis à passer ; vous vous trouviez dans la grande cour carrée où étaient les citernes ; et à droite et à gauche les écuries, les remises. Les caves, les souterrains, les prisons étaient par-dessous ; et par-dessus les logements, les magasins, les arsenaux. Au milieu de la cour était le donjon, résidence du seigneur, renfermant les archives et le trésor.

2. — LES SERFS.

Au pied du château se trouvaient les misérables ca-

Armement d'un Chevalier.

banes du village. L'esclavage avait disparu, mais il avait été remplacé par le servage, et la condition des paysans était très malheureuse.

Les **serfs** étaient livrés à l'entière discrétion du seigneur. Ils ne pouvaient se marier ni abandonner la Seigneurie sans sa permission; ils lui payaient des redevances en nature et de lourds impôts. Il pouvait leur prendre tout leur avoir et les tenir en prison, à tort ou à raison, sans avoir à en répondre à personne, excepté à Dieu. C'était « *la gent taillable et corvéable à merci* ».

3. — ARMEMENT D'UN CHEVALIER

Le futur **chevalier**, après un jeûne de vingt-quatre

heures, passait une nuit en prières dans l'église. Le lendemain il se confessait, communiait et sollicitait la chevalerie en faisant serment de garder sa foi intacte, de protéger les églises, les pauvres, les veuves et les orphelins. Alors les chevaliers ou les dames lui mettaient les éperons, la cuirasse, la côte de mailles, enfin l'épée. Le seigneur lui donait l'accolade en trois coups de plat d'épée sur l'épaule et disait : « *Au nom de Dieu, de saint Michel et de saint Georges, je te fais chevalier* ».

La cérémonie finissait souvent par un tournois.

4. — PRISE DE JÉRUSALEM.

Lorsque les préparatifs du siège furent terminés, l'armée tout entière, après un jeûne de trois jours, fit une procession solennelle autour de la ville. Le signal de l'assaut fut donné le vendredi 15 juillet 1099, à trois heures, jour et heure de la passion du Christ.

Jérusalem fut prise. Un horrible carnage suivit la victoire : 70.000 personnes furent égorgées. « Les infidèles tombaient, comme tombent d'une branche qu'on secoue, les fruits pourris du chêne, les glands agités par le vent. » Le carnage s'arrêta à la voix de **Godefroy de Bouillon,** et les croisés, sans armes, pieds nus, allèrent se prosterner au Calvaire.

Questionnaire. — 1. Où était généralement situé le château féodal? — Parlez de la porte du château. — Qu'est-ce qu'un pont-levis? — Que trouvait-on dans la grande cour? — Qu'est-ce que le donjon?— Où résidait le seigneur? — 2. Quel était l'état des paysans? — Quel nom portaient-ils? — Donnez une idée de la puissance du seigneur. — Expliquez ces mots tailles, corvées? — 3. Comment était-on fait chevalier?—Que disait le seigneur? — Comment se terminait la cérémonie? — 4. Que firent les Croisés avant de livrer l'assaut? — Quel jour la ville fut-elle prise? — Racontez la prise de Jérusalem.

Donnez la description du château féodal représenté ci-dessus. — Que voit-on dans la seconde gravure? — Où est le seigneur? — Que fait-il?

JANVIER

Programme. — Les communes. — Philippe-Auguste. — Saint Louis. — Bhilippe le Bel. — La Guerre de Cent ans. — Jeanne-d'Arc.

1. — *Quelle révolution s'opéra au xii*e *siècle?*

Les villes se révoltèrent contre leurs seigneurs; elles obtinrent le droit de s'administrer elles-mêmes, de nommer leurs maires, leurs échevins, elles formèrent ce qu'on appelle des **communes.** Les rois favorisèrent ce mouvement chez leurs vassaux, mais refusèrent ce droit sur leurs domaines.

2. — *Cette révolution communale fut-elle favorable à la royauté?*

Le pouvoir royal augmenta au fur et à mesure que s'affaiblit la puissance féodale; il s'affermit avec Louis le Gros; et de grands rois, Philippe-Auguste, saint Louis, Philippe le Bel, la rendirent toute-puissante.

3. — *Parlez de Philippe-Auguste.*

Philippe-Auguste, comme Louis le Gros, accorda une protection intéressée aux communes. Il fit la guerre aux Anglais qui avaient de nombreuses possessions en France; ce fut avec les milices des communes qu'il remporta la victoire de **Bouvines en 1214.**

4. — *Quel fut le plus grand roi du moyen âge?*

Ce fut **saint Louis.** Il fut un roi sage, juste et

brave. Il fit la guerre aux Anglais et prit part à deux croisades. Il s'occupa avec ardeur de l'administration de son royaume, il réprima les guerres privées et le duel judiciaire. Il rendit lui-même la justice.

5. — *Quelle révolution s'opéra alors en France?*

Au règne de saint Louis correspond une période remarquable dans le développement des lettres, des arts, de l'industrie ; l'architecture nous donna nos belles cathédrales ; et le commerce prit un grand développement.

6. — *Parlez de Philippe le Bel.*

Philippe le Bel acheva l'œuvre de ses ancêtres. Il organisa le **Parlement**, réunit les premiers **États généraux**, et créa l'administration en France. Mais il s'écarta de la justice ; il fut perfide et violent ; sa mémoire n'est pas restée populaire quoiqu'il ait fait de grandes choses.

7. — *Quelles sont les causes de la guerre de Cent ans ?*

Ce sont les prétentions d'Edouard III, roi d'Angleterre, à la couronne de France, après la mort des fils de Philippe le Bel, qui n'avaient pas laissé d'enfants. Il était petit-fils, par sa mère, de Philippe le Bel ; ce fut **Philippe de Valois** qui, grâce à la loi salique, monta sur le trône en 1328.

8. — *Parlez de nos revers.*

Les Anglais sont vainqueurs à **Crécy** en 1346 ; ils s'emparent de **Calais** en 1347, après un siège de onze mois. Sous **Jean le Bon** le désastre de **Poitiers** en 1356 amène le honteux traité de **Brétigny**, qui donne le tiers de la France aux Anglais.

9. — *Quels rois succédèrent à Jean le Bon?*

Charles V, dit **le Sage**. Sous son règne la France se releva, grâce à la sagesse du roi et aux talents militaires de **du Guesclin**. Mais sous Charles VI, qui devint fou, elle fut déchirée par la guerre civile, à moitié conquise par les Anglais qui, vainqueurs à **Azincourt**, lui imposèrent le traité de **Troyes** (1420).

10. — *Qui sauva la France dans cette extrémité ?*

Ce fut **Jeanne d'Arc**. Elle naquit à Domrémy, petit village de Lorraine, de parents pauvres mais vertueux. Dès l'âge de treize ans, elle crut entendre une voix « belle et douce » qui la pressait d'aller au secours du royaume. Le péril d'Orléans la décida à partir.

11. — *Où alla-t-elle ?*

Elle alla trouver le roi **Charles VII** à Chinon. Il lui confia une petite armée, avec laquelle elle contraignit les Anglais à lever le siège d'**Orléans** ; elle les battit ensuite à **Patay**. Elle mena le roi à **Reims**, où il fut sacré, mais elle échoua devant **Paris**.

12. — *Que fit alors Jeanne ?*

Jeanne se retira dans **Compiègne**, qui fut bientôt menacée. Prise dans une sortie, elle fut faite prisonnière et livrée au comte Jean de Luxembourg. Celui-ci la vendit aux Anglais qui, après un procès inique, la brûlèrent vive à **Rouen, en 1431**.

LECTURES

1. — La révolution communale.

Tout d'un coup, le plus souvent la nuit, et lorsqu'un attentat nouveau venait de surexciter les colères, les bourgeois couraient aux armes en criant : **Commune ! commune !** A ce cri, marchands et ouvriers, armés des rudes instruments de leur travail, sortaient de leurs de-

meures, mettaient le siège devant les maisons fortifiées
des nobles, ou
chassaient de
rue en rue les
chevaliers bar-
dés de fer et les
gens d'armes ;
quelquefois il
fallait prendre
d'assaut ou par
la famine une
douzaine de pe-
tites forteresses.
Quand la com-
mune triom-
phait, c'était
une ivresse gé-
nérale ; on son-
nait les cloches
les citoyens se
précipitaient

Saint Louis rendant la justice.

sur la grand'place, et là, ils prêtaient le serment qui les
associait désormais dans une même vie politique.

2. — SAINT LOUIS RENDANT LA JUSTICE SOUS LE CHÊNE DE
VINCENNES.

Souvent, dit **Joinville**, il arriva qu'en été il allait
s'asseoir au bois de **Vincennes** ; il s'adossait à un
chêne, et nous faisait asseoir autour de lui ; tous ceux
qui avaient affaire venaient lui parler sans empêchements
d'huissiers, ni d'autres. Et alors il leur demandait : « Y a-
t-il des parties prêtes à plaider ? » Et ceux qui étaient prêts

se levaient. Et alors il disait : « Taisez-vous tous ; on vous accordera l'un après l'autre. » Et quand il voyait

Mort de saint Louis.

quelque chose à reprendre dans les discours de ceux qui parlaient, lui-même le corrigeait de sa bouche.

3. — EDOUARD III ET EUSTACHE DE SAINT-PIERRE.

Edouard III, irrité de la résistance des Calaisiens, exigea que six des principaux habitants vinssent lui apporter les clefs de la ville, en chemise et la corde au cou, pour être pendus. **Eustache de Saint-Pierre** se dévoua le premier pour sauver ses concitoyens ; cinq autres bourgeois suivirent son exemple. Edouard les reçut avec colère et ordonna de faire venir le bourreau. Mais la reine d'Angleterre, se jetant tout en pleurs aux genoux de son mari, implora la grâce de ces généreux citoyens. Edouard se laissa toucher.

4. — SUPPLICE DE JEANNE D'ARC.

Le bûcher avait été dressé sur la place du Vieux-Marché de **Rouen**. Arrivée au lieu du supplice, Jeanne

s'agenouilla et pria. Les soldats la saisirent et la livrèrent
au bourreau. « O Rouen, s'écria-t-elle, seras-tu donc ma
dernière demeure ? » Le feu venait d'être mis au bûcher ;
Jeanne fit descendre le dominicain qui l'exhortait, lui

Edouard III et Eustache de Saint-Pierre.

disant de tenir haut la croix devant ses yeux. Les dernières paroles que celui-ci entendit furent : « Oui, mes
voix ne m'avaient pas trompée. Jésus ! Marie ! mon Dieu !
mon Dieu ! » Dix mille hommes pleuraient, et un Anglais
disait tout haut en revenant : « Nous sommes perdus,
nous avons brûlé une sainte. »

Jeanne avait été **la sainte de la patrie**.

Questionnaire. — 1. Comment l'insurrection communale
éclatait-elle ? — Quel était le cri des vainqueurs ? — Que voulait
dire commune ? — Donnez une idée de la lutte. — Par quel
serment se terminait-elle ? — 2. Parlez de Saint-Louis
rendant la justice. — Où allait-il souvent ? — 3. Qu'exigea

Édouard III des bourgeois de Calais? — Qui se dévoua le premier? — Furent-ils exécutés? — Que pensez-vous de ces traits de dévouement? — 4. Racontez la mort de Jeanne. — Où était dressé le bûcher? — Que dit-elle au religieux qui l'assistait? — Quelles sont ses dernières paroles? — Rappelez ce que disait un Anglais. — Comment peut-on appeler Jeanne d'Arc? — Que pensez-vous des juges et surtout de l'évêque qui la condamnèrent?

Que voyez-vous sur les gravures de votre livre? — Que fait la femme qui se trouve à gauche avec ses enfants? — Que peut bien dire l'homme qui est à droite?

FÉVRIER

Programme. — Fin de la Guerre de Cent ans. — Louis XI. — Les temps modernes. — Grandes inventions et découvertes. — Revision.

1. — *Comment se termina la Guerre de Cent ans?*

Jeanne d'Arc avait donné une nouvelle énergie à la résistance nationale. Les Anglais n'éprouvèrent plus que des revers; en 1454, ils ne possédaient plus que Calais. **La Guerre de Cent ans était terminée.** Elle avait causé bien des maux, mais elle avait contribué à développer l'amour de la patrie française, le **patriotisme.**

2. — *Que doit-on à Charles VII?*

Charles VII prépara le triomphe du pouvoir royal sur la féodalité par ses institutions : taille perpétuelle, armée permanente; il réprima la révolte des seigneurs connue sous le nom de Praguerie. Il protégea le commerce, mais il fut ingrat envers **Jacques Cœur** qu'il abandonna à la haine de ses ennemis.

3. — *Qui succéda à Charles VII?*

Ce fut **Louis XI**, son fils. Il lutta pendant tout son règne contre la féodalité; il assura le triomphe de la royauté en abattant le plus puissant des grands vassaux,

Louis XI et Charles le Téméraire.

le duc de Bourgogne, **Charles le Téméraire**. Il recueillit une partie de l'héritage de cette maison, par le traité d'Arras en 1482.

4. — *Qu'appelle-t-on temps modernes?*

Les historiens font commencer en 1453 la période dite des **temps modernes** qui s'étend jusqu'à 1789. De nombreux signes marquent la fin du **moyen âge** et la naissance d'une époque nouvelle dans l'histoire de l'Europe. De grandes monarchies se constituent au-dessus de la féodalité abattue.

5. — *Quelles inventions et découvertes marquent l'avènement des temps modernes?*

L'invention de l'imprimerie, la boussole, la poudre à

canon, etc.; la découverte de l'Amérique, la renaissance des lettres et des arts apportent de grands changements dans la condition morale et matérielle des Etats et préparent un nouvel ordre de choses.

6. — *Parlez de l'imprimerie*.

L'imprimerie, c'est l'art de faire des livres, de les tirer à un grand nombre d'exemplaires à l'aide de caractères mobiles préalablement assemblés. Elle fut découverte vers 1450 par **Jean Gutenberg** de Mayence. Le premier livre imprimé fut la Bible.

7. — *Qu'est-ce que la boussole?*

La **boussole** est un petit cadran au centre duquel se trouve, suspendue à un pivot, une aiguille aimantée qui se tourne toujours vers le nord. Avec cet appareil, les marins peuvent toujours s'orienter et s'élancer sur les mers inconnues sans crainte de perdre leur route.

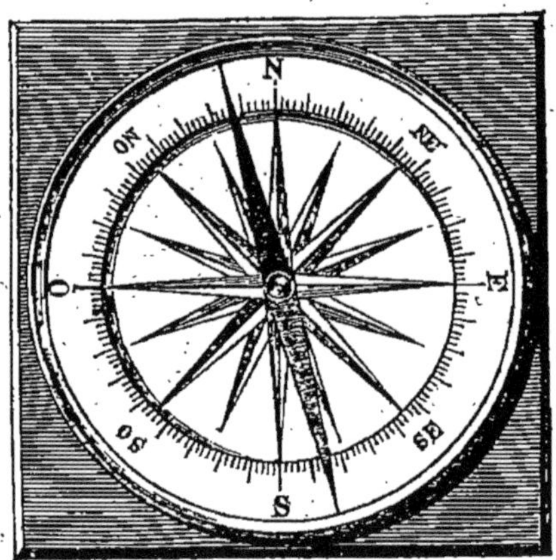

La Boussole.

8. — *Qu'est-ce que la poudre à canon?*

La **poudre** est un mélange de soufre, de charbon et de salpêtre. Les Chinois et les Arabes furent les premiers à s'en servir. Les Anglais en firent usage, contre nous, au siège du Quesnoy et à la bataille de Crécy. Ils avaient des canons appelés bombardes.

9. — *Qui découvrit l'Amérique?*

Le génois **Christophe Colomb**, convaincu de la

rotondité de la terre, résolut de trouver la route des Indes, en se dirigeant toujours vers l'ouest ; c'est ainsi qu'il fit la découverte de l'**Amérique** en 1492.

10. — *Quel était, à la fin du XVe siècle, l'état de la France ?*

L'unité de la France était faite ; nos rois, au lieu de consacrer leurs efforts au développement pacifique de leur royaume vers le commerce, l'agriculture et l'industrie, allèrent porter au dehors leur activité et leur ambition. Les guerres d'Italie commencèrent.

11 *et* 12. — *Revision des matières étudiées.*

LECTURES

1. — MORT DE LOUIS XI.

Devenu plus superstitieux et plus défiant à mesure qu'il vieillissait, **Louis XI** s'était renfermé dans son château de Plessis-lès-Tours, qu'il avait fait entourer de pièges ; il y vivait dans une terreur continuelle, n'ayant pour toute compagnie que quelques serviteurs et son médecin Coictier qu'il comblait d'argent, espérant qu'il allongerait sa vie. Croyant reculer le terme fatal, il se couvrait de reliques et faisait venir auprès de lui un saint ermite de la Calabre, François de Paule. Cependant, à l'approche de la mort, son esprit devint plus tranquille, et il donna de sages conseils à son jeune fils.

2. — GUTENBERG. L'IMPRIMERIE.

Jean Gutenberg était né à Mayence vers 1400. En 1420, il vint s'établir à Strasbourg et chercha le moyen de remplacer l'écriture par un procédé mécanique. Il eut l'idée de fondre des lettres mobiles en métal de telle sorte qu'on pût disposer ces caractères en mots, en lignes, en pages. Ces pages, enduites d'une encre spéciale, recevaient une feuille de papier qui en conservait l'empreinte. On put ainsi tirer de nombreux exemplaires d'un ouvrage et les vendre à bon marché.

Cette découverte eut d'immenses résultats, elle donna une marche plus rapide à la civilisation.

3. — LES MANUSCRITS.

Au moyen âge il n'y avait pas de livres; il y avait seulement des manuscrits, c'est-à-dire des parchemins sur lesquels on écrivait à la main; ils coûtaient de 600 à 800 francs. Quand on possédait un livre, on l'attachait au pupitre avec une chaîne de fer, pour qu'on ne pût le ravir, ou bien, on l'entourait d'une sorte de grillage; si l'on voyageait, on le confiait à un notaire comme un objet précieux.

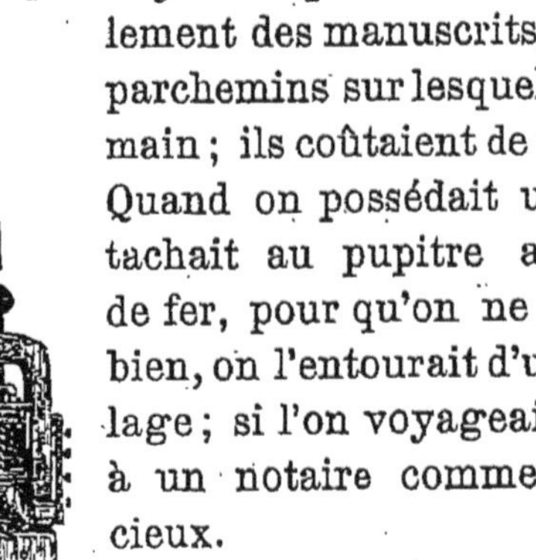
Gutenberg.

C'étaient les moines qui copiaient les livres. Ils ornaient leurs manuscrits avec art et les enluminaient d'images aux couleurs brillantes ou miniatures.

4. — LES GRANDES DÉCOUVERTES. VASCO DE GAMA. MAGELLAN.

Les Portugais, guidés par la boussole, commencèrent les grands voyages de découvertes, cherchant une route vers les riches contrées de l'Asie orientale, l'Inde et la Chine. En 1497, **Vasco de Gama** doubla le cap de Bonne-Espérance, au sud de l'Afrique, et pénétra jusqu'à l'Inde. En 1520, **Magellan** découvrit le détroit qui porte son nom, entre l'Amérique méridionale et la Terre de Feu; il s'élança résolument à travers l'Océan Pacifique, mais il fut tué par les naturels des îles Philippines. Ses compagnons, poursuivant leur route, firent le premier voyage autour du monde (1519-1521).

Questionnaire. — 1. Parlez des dernières années de Louis XI. — De ses terreurs. — De sa superstition. — Qui appela-t-il de la Calabre? — 2. Par qui l'imprimerie fut-elle inventée? — Comment fait-on pour imprimer? — Quelle fut l'influence de l'imprimerie sur la marche de la civilisation? — 3. Expliquez ce mot : manuscrit. — Qu'est-ce que le parchemin ? — Donnez une idée de la rareté des livres au moyen âge. — Qui copiait les manuscrits. — 4. Parlez des découvertes des Portugais. — Quels furent leurs grands navigateurs? — Que découvrit Vasco de Gama? — Qui a fait le premier voyage autour du monde? — Quel détroit passa Magellan? — Où mourut-il?

MARS

Programme. — Guerres d'Italie. — François 1er. — La Renaissance. — Les guerres de Religion. — Henri IV.

1. — *Qu'appelle-t-on guerres d'Italie?*

On appelle **guerres d'Italie** les guerres entreprises par les rois de France, Charles VIII, Louis XII et François 1er, pour faire valoir leurs prétentions sur le royaume de Naples et le duché de Milan.

2. — *Quelles sont les prétentions de Charles VIII ?*

Charles VIII réclame le royaume de Naples, comme héritier de la maison d'Anjou, et s'en empare; mais une ligue se forme contre lui. Il s'ouvre un passage par la victoire de **Fornoue** (1495); mais les Français sont forcés d'évacuer l'Italie. Il meurt trois ans après.

3. — *Quelles sont les prétentions de Louis XII ?*

Louis XII y ajoute les prétentions de la maison

d'Orléans sur le duché de Milan. Ces guerres sont marquées par de brillants exploits et de belles victoires, mais aussi par de sanglants revers. Louis XII meurt sans avoir réussi à faire triompher ses prétentions.

4. — *Qui succède à Louis XII?*

C'est son gendre **François 1ᵉʳ**, qui commence la branche des **Valois-Angoulême**. Il inaugure

François Iᵉʳ.

son règne par la victoire de **Marignan** et la conquête du Milanais. Les guerres d'Italie proprement dites sont terminées. C'est pendant ces guerres que s'est illustré **Bayard**, « *le chevalier sans peur et sans reproche.* »

5. — *Qu'est-ce que la rivalité de la France et de l'Autriche qui s'établit alors?*

La rivalité de la France et de l'Autriche a pour cause principale la puissance exagérée de la maison d'Autriche qui, avec **Charles-Quint**, aspirait à la domination universelle. Il y eut quatre grandes guerres qui se terminèrent sous **Henri II**, par la paix de **Cateau-Cambrésis** en 1559. La France avait repris **Calais**.

6. — *Parlez du Gouvernement de François 1ᵉʳ.*

François 1ᵉʳ a fait faire de nouveaux progrès au pouvoir royal ; il a protégé les lettres et les arts ; sous ses auspices, la renaissance française, commencée sous Louis XII, au contact de l'Italie, a pris un brillant développement. Vivaient alors : **Rabelais, Clément Marot, Montaigne, Calvin, Ambroise Paré, Jean Goujon, Germain Pilon, Bernard Palissy,** etc.

7. — *Parlez des guerres de religion.*

Pendant les règnes de **François II, Charles IX, Henri III**, fils de Henri II et de Catherine de Médicis, la France est déchirée par les guerres civiles de religion, entre catholiques et protestants, qui se prolongent jusqu'à l'**édit de Nantes** en 1598.

8. — *Qui succède à Henri III ?*

Henri de Navarre, sous le nom de **Henri IV** ; il commence la branche des **Bourbons**. Malgré les difficultés de sa position, comme chef des protestants, il triomphe de tous ses ennemis à force d'habileté et de courage. Il est vainqueur des ligueurs aux combats d'**Arques** et d'**Ivry**, il échoue devant Paris, mais il y est reçu après son abjuration.

9. — *Quelle est l'œuvre de Henri IV dans la seconde partie de son règne ?*

Henri IV, secondé par **Sully,** répare par une administration habile les maux de la guerre civile, mais il est assassiné par Ravaillac, au moment où il allait commencer une guerre européenne contre l'ambitieuse maison d'Autriche.

10. — *Parlez de son administration.*

Les finances, ruinées par la guerre, furent rétablies ; l'agriculture, l'industrie, le commerce furent protégés et encouragés. Des plantations de mûriers favorisèrent la multiplication des vers à soie. **Olivier de Serres** introduisit la culture du maïs, du houblon et de la betterave. C'est à Henri IV qu'on doit le canal de Briare, l'agrandissement de Paris, le Pont-Neuf, etc.

11 *et* 12. — *Revision des matières étudiées.*

LECTURES

1. — BATAILLE DE MARIGNAN.

L'armée française s'avança jusqu'à **Marignan**; là, les Suisses vinrent fondre sur elle avec leurs piques de dix-huit pieds et leurs espadons, marchant droit aux batteries dont les décharges emportent des files entières. Le soir ils étaient venus à bout de séparer les corps de l'armée française. **François 1er** passa la nuit sur l'affût d'un canon; il demanda à boire et l'eau qu'on lui apporta était pleine de sang.

Au jour, le combat recommença plus furieux que jamais. Enfin les Suisses, se voyant vaincus, serrèrent leurs rangs et se retirèrent avec une contenance si fière qu'on n'osa pas les poursuivre. Le Milanais était reconquis.

2. — MORT DE BAYARD.

Ce fut au passage de la Sésia que **Bayard** fut mortellement blessé. Porté sous un arbre, il se préparait à mourir, le visage tourné vers l'ennemi. Un traître, le **connétable de Bourbon**, qui combattait contre sa patrie, vint à passer et lui dit qu'il avait grand'pitié de le voir en cet état pour avoir été si vertueux chevalier. Bayard lui fit cette réponse : « Monsieur, il n'y a point de pitié à avoir pour moi, car je meurs en homme de bien; mais j'ai pitié de vous, vous voyant servir contrevotre prince et votre patrie et votre serment. »

3. — LA RENAISSANCE EN FRANCE.

François 1er n'a pas amené la Renaissance française,

Bayard.

mais il a eu le mérite et l'honneur de lui donner une fé-
conde impulsion; l'art français prit son essort. Le château

de Chambord, le Louvre, les Tuileries datent de cette
époque. Il aimait à s'entourer de savants, de poètes, d'ar-

Henri IV.

tistes et il les comblait de ses bienfaits. Il fit venir en
France Léonard de Vinci, qu'il traita comme un roi; il
acheta plus de cent statues, plusieurs tableaux de Raphaël

et des autres grands maîtres. C'étaient d'admirables modèles qu'il proposait à l'émulation des artistes français.

La langue fit de grands progrès. **Clément Marot** écrivait ses élégantes poésies ; **Rabelais** nous donnait son *Gargantua* et son *Pantagruel*, **Montaigne** ses *Essais*.

4. — JEUNESSE DE HENRI IV.

Henri IV naquit au château de Béarn. Lorsqu'il vint au monde, son grand'père lui frotta les lèvres d'une gousse d'ail et lui fit boire quelques gouttes de vin de Jurançon. Sa mère, **Jeanne d'Albret,** devenue veuve, se consacra tout entière à l'éducation de son fils. Elle voulut qu'il fût élevé librement et durement, comme un enfant du pays. Il vivait avec les garçons de son âge, prenant part à leurs jeux ; il faisait de longues excursions dans la montagne, la tête et les pieds nus, se nourrissant du pain du paysan, couchant sur la dure, s'habituant à braver le soleil, la pluie, la neige. Il apprenait ainsi à connaître et à aimer le peuple en vivant avec lui.

Questionnaire. — 1. Racontez la bataille de Marignan ? — Comment combattaient les Suisses ? — Quelle eau but François Ier ? — Quel résultat eut cette bataille ? — 2. Où Bayard fut-il blessé mortellement ? — Quelle position voulut-il qu'on lui donnât ? — Rappelez sa conversation avec le connétable de Bourbon. — Quel bel exemple donne-t-il là ? — 3. Quand avait commencé la renaissance en France ? — Quels châteaux furent construits ? — Qui François Ier fit-il venir d'Italie ? — Que fit-il pour donner des modèles aux peintres et aux sculpteurs ? — Quels sont les poètes et écrivains de cette époque ? — 4. Où est né Henri IV. — Quelle éducation sa mère lui donna-t-elle ? — Parlez de ses premières années. — Comment apprit-il à connaître le peuple ? — Que pensez-vous de cette éducation ?

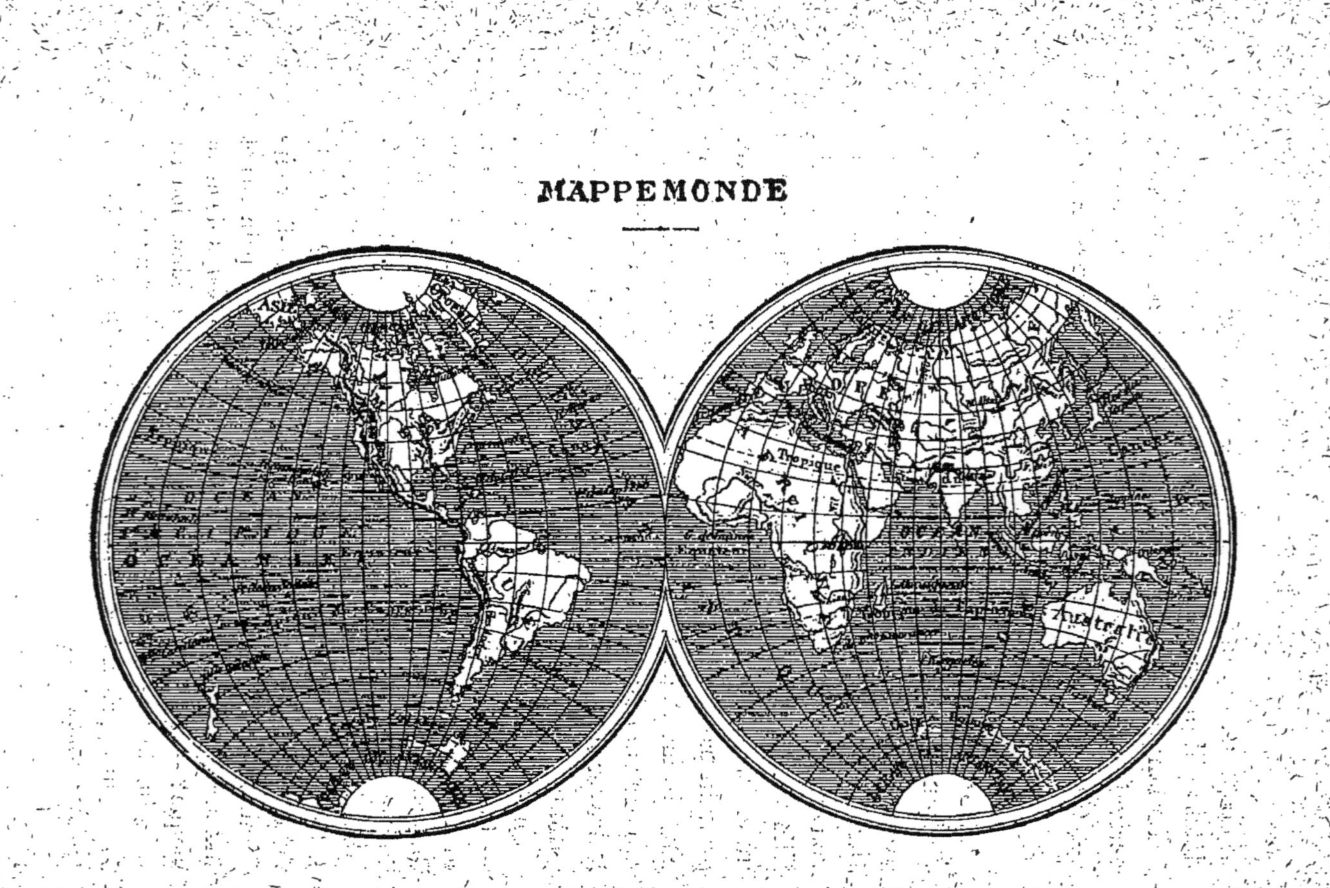

MAPPEMONDE

CINQUIÈME PARTIE

GÉOGRAPHIE [1]

OCTOBRE

Programme. — Définition de la Géographie. — Océans et continents. — Méridiens, pôles. — Points cardinaux. — Manière de s'orienter.

Observations. — GÉOGRAPHIE GÉNÉRALE. — Les élèves seront exercés, dès le début, à tracer sur l'ardoise les contours de la France et du département; ils y inscriront les termes géographiques qui se trouveront dans leur leçon ; ils s'aideront, pour ce travail, de la carte du livre ou des cartes murales.

GÉOGRAPHIE LOCALE. — La géographie locale ne peut prendre place dans l'*Encyclopédie;* le maître y pourvoira par des leçons orales. Nous l'avons aidé dans sa tâche, en plaçant à la fin des matières étudiées chaque mois, un questionnaire spécial auquel l'élève devra répondre.

1. — *Qu'est-ce que la Géographie?*

La **Géographie** est la description de la surface du

I. Ouvrage recommandé. Première année de Géographie par M. A. Grégoire, Garnier frères, éditeurs.

globe que nous habitons. Elle comprend l'étude des terres
et des eaux, les divisions politiques et administratives des

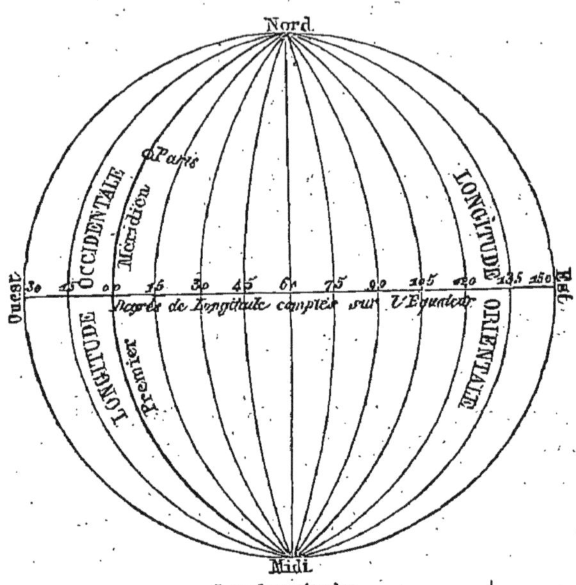

Les Longitudes.

états, les richesses minérales, agricoles, industrielles qu'ils
contiennent.

2. — *Comment se divisent les terres et les eaux?*

L'eau occupe les trois quarts de la surface du globe;
elle se divise en **Océans** et en **Mers**. La terre se divise en trois continents qui sont l'**Ancien continent**, le **Nouveau continent** et le **continent
Austral**.

3. — *Citez les Océans.*

Ils sont au nombre de cinq : l'**Océan Glacial du
Nord**, l'**Océan Glacial du Sud**, l'**Océan Atlan-**

tique, l'Océan Pacifique et **l'Océan Indien.**

4. — *Quels sont les continents ?*

L'ancien continent qui comprend **l'Europe, l'Asie,**

Le Soleil.

l'Afrique; le nouveau continent formé par **l'Amérique**; et le continent austral qui se compose de toutes les îles de **l'Océanie.**

5. — *Comment représente-t-on les différentes parties de la terre ?*

On représente la configuration des différentes parties de la terre par des cartes géographiques, sur lesquelles on fixe la position des États à l'aide des méridiens et des points cardinaux.

6. — *Parlez des méridiens, des pôles.*

Les **méridiens** sont des cercles qui font le tour de la terre en passant par les pôles. Les **pôles** sont les deux points sur lesquels la terre tourne : il y a le pôle nord et le pôle sud.

8.

Plaine de Marathon en Grèce.

7. — Qu'est-ce que les points cardinaux?

Les points cardinaux sont : le **Nord**, le **Sud**, l'**Est** et l'**Ouest**; sur les cartes géographiques le Nord est toujours en haut, le Sud en bas, l'Est à droite, l'Ouest à gauche.

8. — Qu'est-ce que s'orienter?

S'orienter c'est reconnaître la direction des points cardinaux. Si l'on tourne le dos au soleil à midi, on a le nord devant soi, le sud derrière, l'est à droite, l'ouest à gauche. On s'oriente surtout avec la **boussole**.

GÉOGRAPHIE LOCALE. — 1. *Votre département touche-t-il à une mer ou à un ocean? — 2. Quel méridien le traverse? — 3. Quel point cardinal regarde la façade de l'école? — 4. Quel est le village qui se trouve au nord du vôtre? — 5. Quel est le département qui se trouve au sud du vôtre? — 6. Quand vous regardez le soleil levant, où se trouvent les points cardinaux?*

NOVEMBRE

Programme. — Orographie. — Plaines, plateaux, collines, montagnes, monts, volcans. — Base, versants, croupes, pic, sommet, ballon, dômes, etc.

9. — Comment divise-t-on généralement la surface des terres ?

On la divise en trois sortes de régions : les plaines, les plateaux, les montagnes.

10. — Parlez des plaines.

Les **plaines** sont des terrains plats, s'élevant peu au-dessus du niveau des mers. Les principales plaines de France sont celles de la **Flandre**, de la **Champagne**, de la **Normandie**, de la **Gironde** et des **Landes**.

11. — Qu'est-ce que les plateaux ?

Les **plateaux** sont des plaines élevées dominant les pays d'alentour. Nos principaux plateaux sont ceux de **Langres**, de la **Bretagne** et le **plateau central** qui s'étend sur une vingtaine de départements.

12. — *Quel nom donne-t-on aux terres plus élevées ?*

Les petites éminences de terre, séparant souvent des

Montagne.

cours d'eau, sont des **collines** ; quand elles s'élèvent à 600, 700 mètres et plus, ce sont des **montagnes**.

13. — *Citez en France des collines et des montagnes.*

Les collines d'**Artois**, de **Normandie**, de **Bretagne**, du **Poitou** ; les montagnes des **Pyrénées**, des **Cévennes**, des **Alpes**, du **Jura** et des **Vosges**.

14. — *Qu'est-ce qu'un mont ? — un volcan ?*

Les **monts** sont des élévations de terre isolées au milieu des plateaux ou des montagnes. Les monts qui vomissent des gaz, des boues, des laves s'appellent **volcans**.

Les Pyrénées.

15. — *Citez des monts et des volcans en France.*

Dans les Alpes se trouve le **Mont-Blanc**, le plus élevé de l'Europe (4810 m. d'altitude), puis le mont **Cenis** et le mont **Viso** ; dans les Pyrénées, le mont **Maladetta** et le **Pic du Midi** ; dans le plateau central, le **Mont Dore** et le **Plomb du Cantal**. **L'Auvergne** a des volcans éteints.

16. — *Quel nom donne-t-on aux différentes parties des monts et des montagnes ?*

Les chaînes de montagnes sont des montagnes qui se suivent ; un passage entre elles se nomme **défilé**, **pas** ou **col**. On dit le **pied**, la **base**, les **flancs**, les **revers**, les **versants**, la **croupe** des montagnes ; le sommet est dit **faîte**, **crête**, **cime**, **pic**, **ballon**, **dôme**, **puy**, etc.

Géographie locale. — *1. Le département que vous habitez est-il situé dans une région de plaines ou de montagnes ? — 2. Quelle est la plaine la plus voisine ? — 3. Quelles sont les collines qui s'y trouvent ? — 4. Quel est le mont qui en est le plus rapproché ? — 5. Votre commune est-elle située dans un pays plat ? — 6. Y-a-t-il dans son voisinage des plateaux, des collines, des montagnes ?*

DÉCEMBRE

Programme. — Hydrographie. Fleuve, source, ruisseau, rivière, affluent, confluent, embouchure, rive droite, rive gauche, lit, port, bassins.

17. — *Parlez des cours d'eau.*

Les eaux de pluie ou de neige donnent naissance à des sources, à des ruisseaux qui se réunissent pour former les rivières et les fleuves.

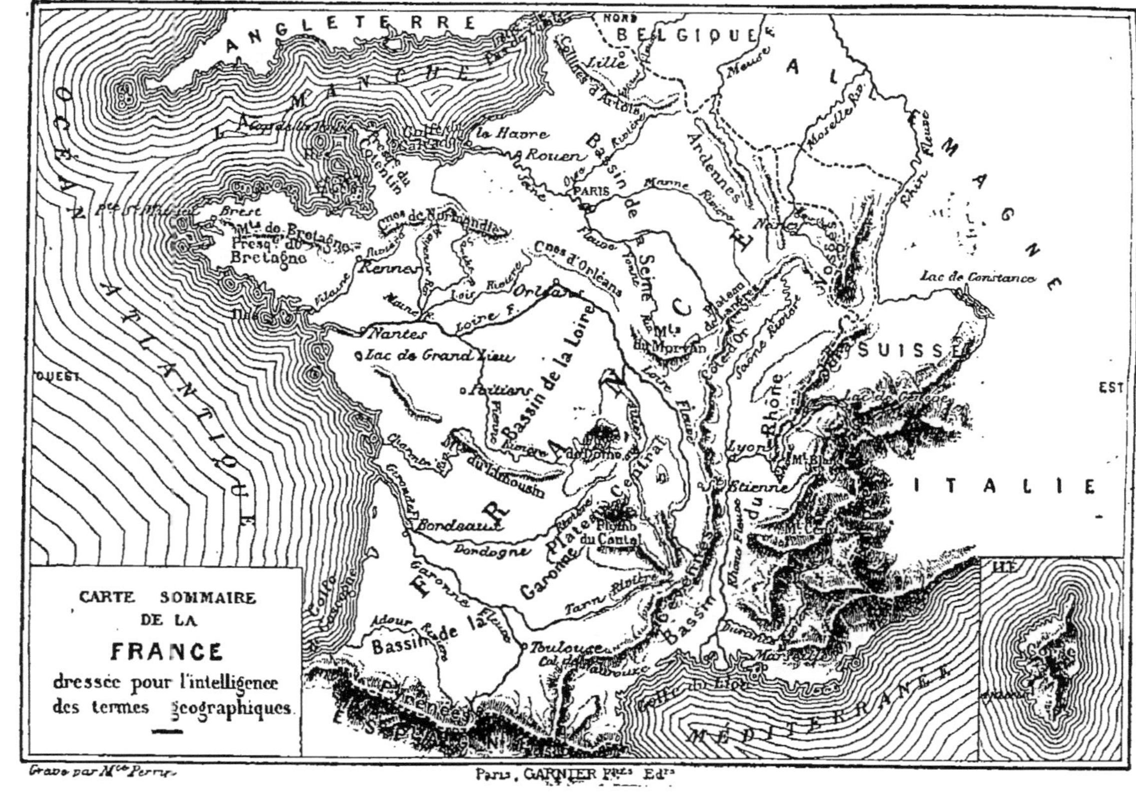

ANGLETERRE
BELGIQUE
ALLEMAGNE
SUISSE
ITALIE
ESPAGNE
OCÉAN ATLANTIQUE
MÉDITERRANÉE
MANCHE
NORD
OUEST
EST
NORD
Lille
Collines d'Artois
Meuse
Moselle
Rhin Fleuve
Lac de Constance
la Havre
Rouen
Bassin de la Seine
Oise
Seine
PARIS
Marne Rivière
Ardennes
Nancy
Yonne
Loire Fleuve
Cnes d'Orléans
Orléans
Bassin de la Loire
Plateau de Langres
Côte d'Or
Saône Rivière
Lac de Genève
Rhône
Lyon
Mt Blanc
St Etienne
Bassin du Rhône Fleuve
l'Aiguillon
Nazaire
Côtes du Cotentin
Presqu'île du Cotentin
Brest
Mts de Bretagne
Presqu'île de Bretagne
Bretagne
Rennes
Nantes
Loir
Loire
Loire F.
Cnes de Normandie
Sarthe
Mayenne
Vilaine
Lac de Grand Lieu
Poitiers
Rivière
Vienne
Mts du Limousin
Mts du Dôme
Plateau Central
Charente
Gironde
Bordeaux
Dordogne
Plomb du Cantal
Garonne Fleuve
Tarn Rivière
Toulouse
Garonne
Adour R. de la
Bassin
Pyrénées
Golfe de Gascogne
Col de
Cévennes
Durance
Golfe du Lion
Marseille
ITALIE
HTE
Corse
CARTE SOMMAIRE
DE LA
FRANCE
dressée pour l'intelligence
des termes géographiques
Gravé par Mlle Perry
Paris, GARNIER Frères Edrs

18. — Qu'est-ce qu'un fleuve ?

Un **fleuve** est un cours d'eau considérable qui se jette dans la mer. La France a quatre grands fleuves : la **Seine**, la **Loire**, la **Garonne** et le **Rhône**.

19. — Qu'est-ce qu'un ruisseau ? — une rivière ?

Les **ruisseaux** sont de petits cours d'eau qui sortent des sources ; les **rivières** sont plus grandes, elles sont le plus souvent formées de la réunion de plusieurs ruisseaux, elles se jettent dans les fleuves ou dans les mers.

20. — Citez quelques rivières.

La **Marne**, l'**Oise**, qui se jettent dans la Seine ; la **Maine**, l'**Allier**, qui se jettent dans la Loire ; le **Tarn**, la **Dordogne**, qui se jettent dans la Garonne ; la **Saône** et la **Durance** qui se jettent dans le Rhône.

21. — Quels termes emploie-t-on dans la description des cours d'eau ?

Les cours d'eau que reçoit un fleuve, sont ses **affluents** ; l'endroit où deux cours d'eau se réunissent se nomme **confluent** ; l'ouverture par laquelle un fleuve se jette dans la mer, s'appelle **embouchure**.

22. — Qu'appelle-t-on rive droite, rive gauche, lit d'un fleuve ?

La **rive droite** est la rive à la droite de celui qui descend le courant ; la **rive gauche** est à sa gauche. Le **lit** d'un cours d'eau est le sillon plus ou moins profond qui conduit les eaux de la source jusqu'à l'embouchure.

23. — Qu'est-ce qu'un port ?

Un **port** est un endroit où l'eau de la mer s'enfonce dans les terres, et où les vaisseaux peuvent trouver un abri. Nos principaux ports sont : **le Havre**, **Cherbourg**, **Brest**, **Nantes**, **Bordeaux** et **Marseille**.

24.— *Qu'appelle-t-on bassin d'un cours d'eau?*

C'est le pays arrosé par ce cours d'eau et par ses affluents. **Le bassin d'une mer** est l'ensemble de tous les versants dont les eaux se jettent dans cette mer. La **ceinture** ou **ligne de partage** est la ligne qui détermine la pente des eaux. La France a quatre

Port.

grands **bassins,** correspondant aux quatre grands fleuves.

GÉOGRAPHIE LOCALE. — 1. *Votre commune est-elle arrosée par une rivière? — 2. De quel grand bassin votre départe-tement fait-il partie? — 3. Où le fleuve jette-t-il ses eaux? — 4. Quelles sont les principales rivières qui arro-sent votre canton? — votre département? — 5. Quel est le port le plus rapproché de vous? — 6. Quelle est la rivière ou le fleuve qui traverse le chef-lieu de votre départe-ment?*

JANVIER

Programme. — Hydrographie (suite). Mer, golfe, île, archipel, détroit, cap, presqu'île, lac, étang, marais, flux et reflux.

Golfe.

25.— *Comment nomme-t-on les parties des Océans qui pénètrent dans les continents ?*

Les parties des Océans qui pénètrent dans les terres, sont les mers proprement dites ; on les appelle **mers intérieures**, quand elles ne communiquent avec d'autres mers ou avec les Océans que par un étroit passage, comme la **Méditerranée**.

26. — *Qu'appelle-t-on golfe ou baie ?*

Les **golfes** ou **baies** sont des parties de mer qui avancent dans l'intérieur des terres ; tels sont les golfes du **Calvados**, de **Saint-Malo**, de **Gascogne**, et du **Lyon**.

27. — *Qu'est-ce qu'une île, un archipel, un récif, un brisant ?*

Une **île** est une terre au milieu des mers et des Océans. comme la **Corse**. Plusieurs îles réunies forment un groupe d'îles ou **archipel.** Les **écueils, récifs** ou

Détroit.

brisants, sont des rochers à fleur d'eau, dangereux pour les navigateurs.

28.— *Qu'est-ce qu'un détroit ?*

Un **détroit** est un bras de mer resserré entre deux terres, et unissant deux mers ou deux parties de mer ; tel est le détroit du **Pas-de-Calais**, qui unit la mer du Nord à la Manche.

29.— *Qu'est-ce qu'un cap ou promontoire ou pointe ?*

Un **cap** ou **promontoire** ou **pointe** est l'extrémité d'une terre qui s'avance dans la mer ; tel est le **cap Gris-Nez**, le cap de la **Hague**, la pointe **Saint-Mathieu.**

30. — *Qu'est-ce qu'une presqu'île ou péninsule ?*

Une **presqu'île** ou **péninsule** est une portion de terre environnée d'eau presque de toutes parts et ne tenant au continent que d'un seul côté qu'on nomme

Presqu'île.

isthme. Nous avons la presqu'île du **Cotentin** et la presqu'île de **Bretagne**.

31. — *Qu'est-ce que les lacs, les étangs, les marais ?*

Les **lacs** sont des masses d'eau au milieu des terres ; un petit lac se nomme **étang**. Quand l'eau est peu profonde et qu'on y trouve des joncs, des herbes, des roseaux, elle forme les **marais**. Nous citerons le lac de **Genève** et les marais des **Landes**.

32. — *Parlez du flux et du reflux.*

La surface des mers est sans cesse agitée ; deux fois par jour, les eaux s'élèvent et deux fois elles s'abaissent sur les côtes ou littoral ; dans le premier cas, c'est la marée montante ou le flux ; dans le second, la marée descendante ou le reflux.

Géographie locale. — 1. *Votre département est-il limite d'un côté par une mer ou un Océan ? — 2. Renferme-t-il un cap, un golfe, un lac, un étang ? — Fait-il partie d'une presqu'île ?*

Revision des matières à étudier dans la Geographie locale.

FÉVRIER

Programme. — La terre. — Sa forme, le jour, l'année, les saisons, axe et équateur, cercles polaires et tropiques.

33. — *Quelle est la forme de la terre ?*

La terre est l'une des **planètes** éclairées et chauffées

La Terre.

par le **soleil** ; elle a la forme d'une boule ou sphère légèrement aplatie vers les pôles ; elle a 40 mille kilomètres de tour.

34. — *La terre est-elle immobile dans l'espace ?*

Non, la terre tourne sur elle-même, devant le soleil, de manière à présenter à ses rayons les différentes parties de sa surface. Ce mouvement se fait en vingt-quatre heures, c'est la durée du **jour**.

35. — *N'a-t-elle pas encore un autre mouvement ?*

La terre a encore un mouvement de translation autour

du soleil qu'elle exécute en trois cent soixante-cinq jours, c'est l'**année**. On peut comparer ces deux mouvements, diurnes et annuels, à ceux d'une toupie qui tourne sur elle-même tandis qu'elle tourne en rond sur le sol.

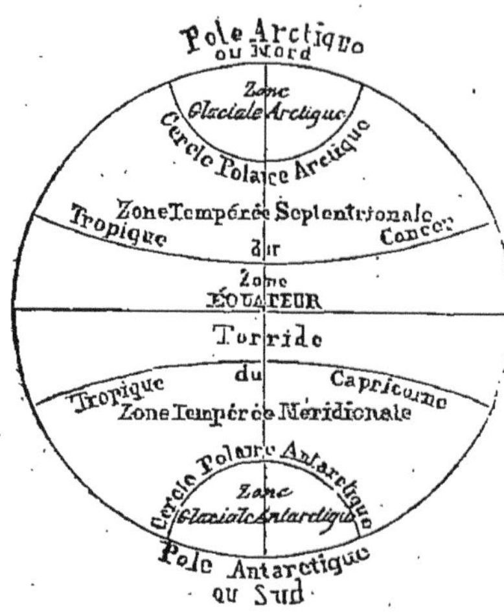

36.— Expliquez les termes: axe de la terre, équateur.

La terre tourne autour d'une ligne imaginaire qui passe par son centre et qu'on appelle **axe** ; les deux points opposés où l'axe perce la surface du globe s'appellent les **pôles**. **L'équateur** est une ligne qui fait le tour de la terre à égale distance des deux pôles.

37. — Quelle est la cause de l'inégalité des jours et de la température des saisons ?

L'axe de rotation de la terre, n'étant pas dans le même plan que celui du soleil, il en résulte que toutes les parties de la terre ne sont pas exposées au soleil aussi longtemps les unes que les autres ; c'est cette inégalité des jours et des nuits qui caractérise les **saisons**.

38. — Quelles sont les quatre saisons?

Les quatre saisons sont : 1° le **printemps**, qui commence le 20 mars ; 2° l'**été**, le 21 juin ; 3° l'**automne**, le 22 septembre ; et 4° l'**hiver**, le 21 décembre. Le 20 mars et le 22 septembre, les jours sont égaux aux nuits, ce sont les **équinoxes**.

39. — *Comment divise-t-on la terre sous le rapport de la température ?*

On la divise en cinq zônes. 1° Les deux **zones gla-**

Les Animaux aux différentes zones.

ciales, aux pôles, limitées par les **cercles polaires** ;
2° les deux **zones tempérées**, situées entre les cercles polaires et les deux **tropiques** ; 3° la **zone torride**, qui s'étend des deux côtés de l'équateur.

40. — *Comment se divise l'année ?*

L'année de 365 jours se divise en 12 **mois** de 30 ou 31

jours ; février en a 28 et 29 dans les **années bis-sextiles** qui arrivent tous les 4 ans. Un **siècle** est une durée de cent ans : nous sommes dans le xixᵉ siècle.

Géographie locale. — *Révision des matières étudiées.*

MARS

Programme. — La terre. — Les cinq parties du monde : l'Europe, l'Asie, l'Afrique, l'Amérique et l'Océanie. Races d'hommes. — Revision.

41. — *Comment divise-t-on les terres habitées ?*

On les divise en cinq parties qu'on appelle les cinq par-

Race blanche.

ties du monde. Ce sont : l'**Europe**, l'**Asie**, l'**Afrique**, l'**Amérique** et l'**Océanie**. Nous habitons la **France**, qui est une des contrées de l'Europe.

42. — *Parlez de l'Europe.*

L'**Europe** se divise en 19 états dont les plus importants sont : la Russie, l'Allemagne, l'Autriche-Hongrie, la France et l'Angleterre ; leurs capitales sont : Saint-Pétersbourg, Berlin, Vienne, Paris et Londres. — Montagnes : les Alpes, les Pyrénées. — Fleuves : le Volga, le Danube et le Dniéper. — Mers qui la bordent : Océan Glacial du Nord, Océan Atlantique, Méditerranée et mer Noire.

43. — *Parlez de l'Asie.*

Les principaux états de l'**Asie** sont : la Chine, le Japon et la Perse, dont les capitales sont : Pékin, Yeddo et Téhéran. — Montagnes : l'Himalaya et le Caucase. — Fleuves :

Race noire.

l'Iénisséï, la Léna et l'Obi. — Mers : Océan Glacial du Nord, Océan Pacifique et Océan Indien.

44. — *Parlez de l'Afrique.*

L'**Afrique** n'a pas d'états proprement dits, les nations européennes ont fondé des **colonies** sur son lit-

9.

toral ; l'intérieur, peu connu, est habité par des nègres. — Montagnes : l'Atlas et le grand plateau Austral. — Fleuves : le Nil et le Niger. — Mers : Océan Atlantique, Océan Indien, Méditerranée et mer Rouge.

45. — *Parlez de l'Amérique.*

Les principaux états de l'**Amérique** sont : les Etats-

Race jaune.

Unis, le Brésil et le Mexique, dont les capitales sont : New-York, Rio-Janeiro et Mexico. — Montagnes : les montagnes Rocheuses et la Cordillère des Andes. — Fleuves : le Mississipi et le fleuve des Amazones. — Mers : Océan Glacial, Océan Atlantique et Océan Pacifique.

46. — *Parlez de l'Océanie.*

On donne le nom d'**Océanie** aux îles nombreuses disséminées dans l'océan Pacifique et dont la plus étendue est l'Australie. Viennent ensuite la Nouvelle-Guinée et Bornéo. L'Australie appartient presque tout entière à l'Angleterre. Ses villes principales sont : Melbourne et Sydney.

47. — *Quelles sont les principales races d'hommes ?*

On s'accorde généralement à reconnaître trois races principales : la **Race blanche**, qui a peuplé l'Europe, l'ouest, le sud de l'Asie et le sud de l'Afrique ; la **Race jaune**, qui occupe le nord, le centre et l'est de l'Asie ; et la **Race noire**, que l'on trouve en Afrique et en Océanie.

48. — *Revision de la Géographie générale et de la Géographie locale.*

SIXIÈME PARTIE

ÉLÉMENTS

DES SCIENCES PHYSIQUES ET NATURELLES (¹)

OCTOBRE

Programme. — Boissons alimentaires : Vin, cidre, bière.

Observations. — La division des matières du programme est faite à raison de deux leçons par semaine. Chaque question sera développée préalablement par le maître, sous la forme d'une leçon de choses ; la réponse du livre, qui devra en être comme le résumé, sera d'abord transcrite sur le cahier de devoirs comme exercice de copie, puis, autant que possible, apprise par cœur.

1.— *Qu'est-ce que le vin ?*

Le **vin** est une liqueur produite par la fermentation du fruit de la vigne, le raisin. On obtient, suivant les cas,

---

1. Ouvrage recommandé : Notions de physique et de chimie à l'usage des écoles primaire, par M. N. Gossin. Librairie Garnier Frères.

du vin rouge ou du vin blanc. La France en produit beaucoup : les vins les plus estimés sont ceux du **Borde-lais**, de la **Bourgogne** et de la **Champagne**.

2.— *Comment le fabrique-t-on ?*

La fabrication du vin comprend quatre opérations principales qui sont : 1° la vendange ; 2° le foulage ; 3° la fermentation du moût ; 4° le décuvage, le pressurage, la mise en tonneaux et en bouteilles.

Le Raisin.

3. — *Parlez de la vendange et du foulage ?*

La **vendange** est l'opération qui consiste à cueillir le raisin quand il est mûr ; on le dépose dans de grandes cuves où on l'écrase avec les pieds ou à l'aide de presses. Le liquide que l'on obtient s'appelle **moût**.

4. — *Que se passe-t-il alors ?*

La fermentation commence ; une véritable ébullition se produit en entraînant à la partie supérieure les rafles et les pépins. La liqueur se colore et prend la saveur vineuse.

Aussitôt la fermentation terminée, on soutire le liquide et on le met dans les tonneaux.

5. — *Comment conserve-t-on le vin?*

Le vin ordinaire, qui est la boisson commune des trois

Le Houblon.

quarts de la population française, se tire au tonneau selon les besoins de la consommation journalière ; les vins supérieurs se conservent longtemps dans des bouteilles soigneusement bouchées. Ils augmentent de qualité en vieillissant.

6.— *Qu'est-ce que le cidre?*

Le **cidre** est une boisson alcoolique que l'on prépare avec le jus des pommes. Pour l'obtenir, on écrase ces fruits, on en presse la pulpe, en y ajoutant dix ou quinze litres pour cent d'eau ; on met ce jus en tonneau où il fermente ; au bout d'un mois le cidre est fait.

7. — *Qu'est-ce que la bière ?*

La **bière** est une boisson qui se fabrique avec l'orge et le houblon. On fait germer le grain, on le moud, on le brasse avec de l'eau bouillante à laquelle on ajoute du houblon. Quand la bière est refroidie on la met dans les tonneaux où elle fermente. On peut la boire au bout d'une quinzaine de jours.

8. — *Quels sont les avantages et les inconvénients des boissons fermentées.*

Les boissons fermentées et alcooliques ne sont pas indispensables à la santé; cependant, prises modérément, elles facilitent la digestion. Quand on en use avec excès elles produisent l'ivresse.

NOVEMBRE

Programme. — Le labourage. — Charrue, semailles. — L'éclairage : chandelle, bougie, lampes, gaz. — Phare.

9. — *Qu'est-ce que labourer la terre?*

Labourer la terre c'est la travailler à l'aide d'instruments aratoires ; 1° pour ramener à la surface la couche profonde du sol; 2° pour l'ameublir et le rendre perméable aux racines des plantes; 3° pour y introduire les amendements et les engrais; et 4° pour détruire les mauvaises herbes.

10. — *De quels instruments se sert-on ?*

Dans la grande culture on se sert de la **charrue** ou **araire**, de la **herse** et du **rouleau** ; dans le jardi-

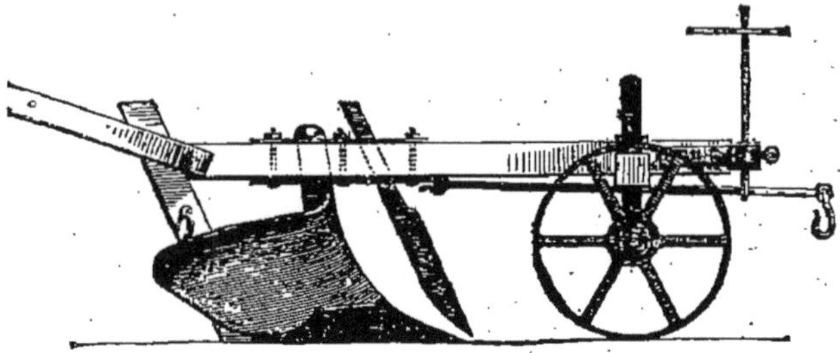

La Charrue.

nage, de la **bêche**, de la **fourche** et du **rateau**.

La charrue est d'un usage général pour les labours ; la herse sert à aplanir les surfaces labourées et à y faire les **semailles**.

La Ferme.

11. — *Comment procède-t-on pour semer?*

Lorsque le champ a été préparé par des labours et des hersages répétés, on y répand le grain à la main ou au semoir ; on le recouvre ensuite par un ou deux hersages selon la finesse ou la grosseur de la graine.

12. — *Parlez de l'éclairage.*

On donne le nom **d'éclairage** à la lumière artificielle

que l'on produit pour s'éclairer quand le soleil a disparu. On se sert de la flamme d'une **bougie**, d'une **lampe**, du **pétrole** ou du **gaz**.

13. — *Avec quoi fabrique-t-on les chandelles et les bougies ?*

On fabrique les **chandelles** avec le suif ; on les prépare en entourant de suif fondu une mèche de coton tressée ou tordue. Les **bougies** se font avec la cire des abeilles ou l'acide stéarique, substance solide très blanche que l'on extrait principalement de la graisse du mouton.

14. — *Qu'est-ce que les lampes ?*

Les **lampes** sont des appareils dans lesquels on brûle des huiles à l'aide d'une mèche ronde ou plate plongeant dans les liquides. Il en existe différents systèmes auxquels on a donné le nom des inventeurs, lampes d'**Argant**, lampes à **Quinquet**, lampes **Carcel**, etc.

Le Candelabre.

15. — *Quel est le mode d'éclairage le plus répandu dans les villes ?*

C'est l'**éclairage** par le **gaz** que l'on extrait de la **houille**. Depuis une vingtaine d'années, une huile minérale, le **pétrole**, est venue remplacer économiquement les huiles végétales ; il donne un brillant éclairage, mais son emploi exige quelques précautions, car il s'enflamme facilement et fait explosion.

16. — *L'éclairage est-il d'une grande utilité ?*

L'éclairage est indispensable surtout dans les pays du Nord où les nuits sont très longues ; il permet aussi le travail dans l'obscurité des mines ou des carrières ; il est encore utile aux navigateurs par les **phares** placés sur les côtes, pour indiquer l'entrée des ports ou les endroits dangereux.

DÉCEMBRE

Programme. — Le chauffage. — Froid, neige, glace, avalanches ; Suisse, Alpes ; patins, traîneaux. — Thermomètre. — Poêle, cheminées. — Bois, charbon, allumettes. — Engelures, rhume. — Le foyer, la famille.

17. — *Quand dit-on qu'il fait froid ?*

On dit qu'il fait **froid** quand l'eau se gèle et que la terre se durcit ; nous voyons alors la **neige** couvrir la terre, s'amonceler dans les montagnes élevées et produire ces **avalanches** qui, en certains pays, dans les Alpes suisses, par exemple, détruisent des habitations tout entières.

18. — *Qu'arrive-t-il dans les pays vers les pôles ?*

Le Thermomètre.

Les **régions polaires** sont couvertes de neige une grande partie de l'année, les voitures y sont remplacées par des **traîneaux**, véritables chariots sans roues auxquels on attelle les chevaux, les chiens et surtout les rennes. La chaussure des habitants, pour la course, est le **patin.**

19. — *Peut-on mesurer l'intensité de la chaleur ou du froid ?*

Oui, à l'aide du **thermomètre**. C'est un tube rempli de mercure ou d'alcool coloré ; il est marqué d'un zéro à la température de la glace fondante et de 100 à celle de l'eau bouillante. Chacune de ces divisions s'appelle degré, Au-dessous de zéro ce sont les degrés de froid, au-dessus, ce sont les degrés de chaleur.

20. — *Comment se préserve-t-on du froid ?*

On se préserve du froid en faisant du feu dans l'intérieur des maisons, soit dans les **poêles**, soit dans les **cheminées**. Les appareils de chauffage sont nombreux ; le combustible employé dans les poêles est la houille et le coke, on brûle le bois dans les cheminées. On se procure le feu avec les **allumettes chimiques**.

21. — *Quel est le chauffage le plus hygiénique ?*

Le chauffage le plus hygiénique est celui des cheminées ; le tirage amène la ventilation de l'appartement. Les poêles utilisent mieux la chaleur de la combustion, mais ils ne ventilent guère. Le chauffage au coke, dans les réchauds, est dangereux à cause de l'**acide carbonique** qui s'en dégage.

La Cheminée.

22. — *Qu'est-ce que la houille ou charbon de terre ?*

La **houille** est une roche minérale noire, assez tendre, qui brûle facilement et de laquelle on extrait le gaz d'éclairage et le **coke**. Le charbon a été produit par la décomposition des végétaux enfouis dans le sein de la terre à des époques très reculées.

23. — *Quels sont les effets du froid sur la santé ?*

Les variations brusques de la température sont dange-

Les Mineurs.

reuses pour la santé : il est imprudent de s'exposer brusquement à un froid vif quand on sort d'une place bien chauffée. Le froid occasionne une grande partie des maladies de la poitrine. Les pieds humides amènent des engelures qui sont très douloureuses.

24. — *Quelles réflexions nous amènent ces entretiens sur le froid ?*

Le froid nous fait songer aux longues veillées d'hiver, à leurs aimables et intéressantes causeries. Mais il nous rappelle aussi qu'il y a autour de nous des malheureux qui souffrent, que la charité nous fait un devoir de les soulager.

JANVIER

Programme. — Nouvelle année. — Mouvement de la terre autour du soleil. — Compliments, étrennes : Oranges, marrons. — L'habillement. — Fourrures, couvertures, édredons, coton, drap, flanelle. — Tissage, filage, teinture.

25. — *Qu'est-ce qu'une année ?*

Une année est une durée de trois cent soixante-cinq jours ; c'est le temps que met la terre à faire le tour du soleil. L'année commence au 1ᵉʳ janvier ; autrefois, elle commençait au 1ᵉʳ mars, c'est pourquoi le mois de février n'a que 28 ou 29 jours.

26. — *Quel usage s'est établi au renouvellement de l'année ?*

Il est d'usage de faire à ses parents et à ses amis des **compliments** et des **souhaits** de bonne année. Les enfants reçoivent en retour des **étrennes**, qui sont des oranges, des marrons ou de l'argent. L'argent doit être placé à la caisse d'épargne.

27. — *Comment l'homme préserve-t-il son corps du froid ?*

Par les **vêtements**. Nos ancêtres se couvrirent de la peau des bêtes de leurs forêts ; puis à mesure que la civilisation s'avança, l'homme apprit à tisser la laine et le lin, à s'en façonner des habits légers pour l'été et chauds pour l'hiver.

28. — *Les vêtements sont-ils les mêmes dans tous les pays ?*

Les vêtements varient selon les climats : dans les zones glacées, vers les pôles, l'homme se couvre de **fourru-**

res; il a pour ses lits, les légers et chauds **édre-dons**. Dans les pays tempérés, on se sert, selon les saisons, de vêtements de laine, de coton, de lin, ou de soie.

29. — *D'où vient la laine, comment l'emploie-t-on ?*

La **laine** vient en général des moutons; on la nettoie d'abord : elle est peignée, filée, tissée et teinte. Après diffé-

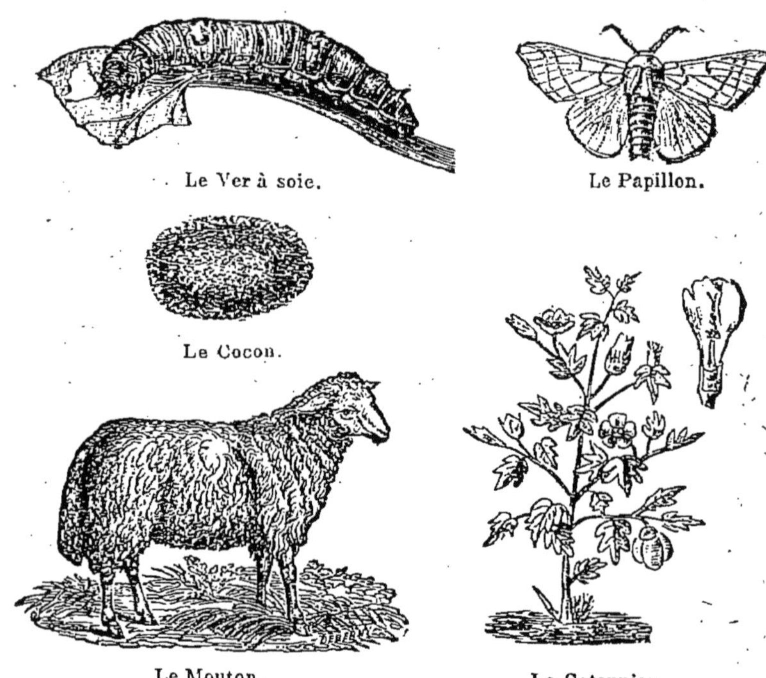

Le Ver à soie.   Le Papillon.

Le Cocon.

Le Mouton.   Le Cotonnier.

rents apprêts qu'elle reçoit encore en suite du **tissage**, elle est livrée au commerce sous les noms de **draps** de Sedan, de Reims, d'Elbeuf, etc...

30. — *Parlez du coton.*

Le **coton** est produit par un arbuste des pays chauds appelé **cotonnier**; c'est le duvet qui enveloppe les graines de la plante. Les fabriques le nettoient, le filent et le tissent. Elles en font des **percales**, des **mousselines**, des **madapolams**, des **calicots**, etc...

31. — *Parlez du lin et de la soie.*

Le **lin** est une plante annuelle dont la tige renferme des filaments déliés propres à être tissés. C'est avec le fil de lin qu'on fabrique la **toile** ordinaire, les belles **dentelles** et les fines **batistes**.

La **soie** est produite par le fil du cocon du **ver à soie**; il est originaire de la Chine. On l'élève dans la vallée du Rhône.

32. — *Comment s'opèrent le filage et le tissage?*

Le **filage** s'est longtemps fait à la main, à l'aide de la quenouille et du rouet; c'est à un Français, PHILIPPE DE GIRARD, que nous devons la machine à filer le lin. C'est encore à un Français, JACQUARD, que nous sommes redevables de la machine à tisser les étoffes.

Le lin.

FÉVRIER

Programme. — Le corps humain, principaux organes des sens. — L'alimentation. Mets et boissons : pain, viande, fruits, épices. — Faim, indigestion.

33. — *Quels sont les principaux sens? parlez de la vue.*

Les principaux sens sont la **vue**, l'**ouïe**, l'**odorat**,

le **goût** et le **toucher**. Ce sont « les organes par lesquels nous nous mettons en rapport avec les objets exté-
rieurs ». Le plus précieux de tous est la vue.

34. — *Quelles sont les fonctions des autres sens ?*

Par l'**ouïe** nous percevons les sons, son siège est dans

Le Boulanger.

l'oreille; par l'**odorat**, par le nez, nous flairons les
odeurs; par le **goût**, nous apprécions les aliments qui
nous conviennent, il réside dans la bouche; et par le
toucher, par les mains, nous nous rendons compte
de la consistance et de la forme extérieure des objets.

35. — *Les sens ont-ils quelques rapports avec la conser-
vation de la vie ?*

Oui, deux surtout : le **goût** et l'**odorat**. Le goût nous
porte par l'appétit, par la faim, par la soif, à réparer les
pertes continuelles que nous faisons par l'action de la vie.

L'odorat prévient le goût sur la qualité des aliments qu'on lui présente.

36. — *Quels sont les principaux aliments ?*

Les principaux aliments sont la viande, le pain, les légumes, les fruits et les boissons. La **viande** nous est fournie, en grande partie, par les animaux domestiques : bœuf, vache, veau, porc et mouton ; par la basse-cour : poulets, pigeons, dindes, etc.

37. — *Parlez du pain.*

Le **pain** est, avec la viande et le lait, la base de l'alimentation de la plupart des peuples civilisés. On le fait avec la farine de toutes sortes de céréales ; mais le pain de froment est le plus beau et le plus recherché, à cause de ses qualités nutritives.

38. — *Les légumes et les fruits n'entrent-ils pas aussi pour une bonne part dans l'alimentation ?*

Les **légumineuses** : pois, haricots, fèves, sont très riches en principes alimentaires, mais elles doivent être mangées sous forme de soupe. La pomme de terre est moins nourrissante ; les légumes verts viennent en dernière ligne. Les fruits mûrs sont rafraîchissants.

39. — *Les épices et les boissons n'ont-elles pas aussi leur importance ?*

Le **poivre**, le **sel**, la **moutarde**, la **canelle** facilitent la digestion en excitant les glandes de l'estomac, mais ils ne fournissent rien au sang. Le sucre est très digestif et très nourrissant.

Les **boissons** sont indispensables pour la nutrition : le vin, la bière, le cidre, pris modérément, ont un effet très salutaire sur la santé.

40. — *Quelle règle doit-on établir dans ses repas ?*

Les **repas** doivent nécessairement être réglés. Il faut

savoir se modérer et commander à l'appétit; on ne doit jamais manger jusqu'à l'indigestion, ni boire jusqu'à l'ivresse. Le repos, la promenade favorisent les fonctions de l'estomac.

MARS

Programme. — L'habitation. Bois, fer, pierre, briques; ardoise, plâtre, chaux; huile, zinc. — Diverses industries du bâtiment. — Les abeilles, rucher, cire, miel.

L'habitation.

41. — *Comment sont construites nos habitations ?*

Les murs de nos **habitations** sont construits en pierre de taille, en briques ou en torchis; la charpente, les plancher sont en bois; les couvertures, en tuiles, en ardoises ou en zinc.

42. — *Comment élève-t-on les murs ?*

Le **maçon** creuse d'abord le sol pour établir ses fondations sur la terre ferme; il maçonne ensuite la pierre ou la brique, qu'il lie à l'aide d'un mortier composé de sable, de chaux ou de ciment, en ayant soin de laisser des ouvertures pour les portes et les fenêtres.

43. — *Quelle est la part du charpentier ?*

Le **charpentier** place, dans la maçonnerie, les chaînes et les linteaux; puis les poutres qui doivent supporter les solives et les poutrelles. Il dresse les cloisons d'intérieur; et quand la maçonnerie est terminée, il pose les arbalétriers, les pannes et les chevrons qui doivent recevoir la couverture.

44. — *Que font le menuisier et le peintre?*

Le **menuisier** place les escaliers, les portes, les fenêtres et les cheminées; il y met les targettes ou les cré-
mones, les fiches et les serrures; il pose les plinthes, les

Le Maçon.

cymaises et les lambris. Le **peintre** revêt le tout d'une
peinture à l'huile.

45. — *Quels autres travaux sont encore nécessaires?*

Le **maréchal** relie les chaînes entre elles par de
larges bandes en fer, il les termine par des ancres. Le
plafonneur enduit les murs de mortier au plâtre et à
la bourre; il les dresse, ainsi que les plafonds. Le **cou-
vreur** place les pannes, les tuiles ou les ardoises. Le
plombier termine par la pose des chéneaux et des
gouttières.

46. — *Quelles conditions doit réunir une habitation saine?*

Une **habitation**, pour être saine et hygiénique, doit

Le Menuisier.

être bien exposée, la façade tournée vers le sud, et éloignée de tout établissement insalubre. Les appartements intérieurs doivent être vastes, facilement aérés, surtout en ce qui regarde les chambres à coucher.

47. — *Parlez des abeilles.*

Les abeilles sont des insectes que l'homme a, pour ainsi dire, réduits en domesticité. Elles vivent dans des ruches; chaque ruche ne contient jamais qu'un essaim composé : 1° d'une mère ou reine; 2° de mâles, en petit nombre, appelés faux-bourdons; 3° d'adultes ouvrières ou travailleuses.

48. — *Quel produit tire-t-on des abeilles?*

Les abeilles donnent: 1° le miel, qui remplaçait le sucre avant qu'on eût découvert le moyen de l'extraire de la canne à sucre et de la betterave; il est employé aujourd'hui à la fabrication du pain d'épice, de certaines pâtisseries, et de boissons hygiéniques ou médicinales; 2° la cire, dont on fait les cierges et les bougies.

Les Abeilles.

SEPTIÈME PARTIE

DESSIN

Observations. — Chaque dessin sera exécuté trois fois par l'élève. La première et la seconde fois sur l'ardoise, la troisième sur le cahier de devoirs. La première fois, il sera fait dans les proportions exactes du modèle; la seconde, l'élève en doublera la hauteur; il sera copié définitivement sur le cahier à une hauteur et demie.

Les maîtres auront soin de faire reconnaître aux enfants de quel genre de lignes chaque dessin est composé. Ils leur diront le nom des figures géométriques étudiées dans le mois de novembre; ils les exerceront à les reconnaître dans les dessins suivants où elles trouvent leur application.

Imp. de la Soc. de Typ. - Noizette, 8, r. Campagne-Première. Paris.

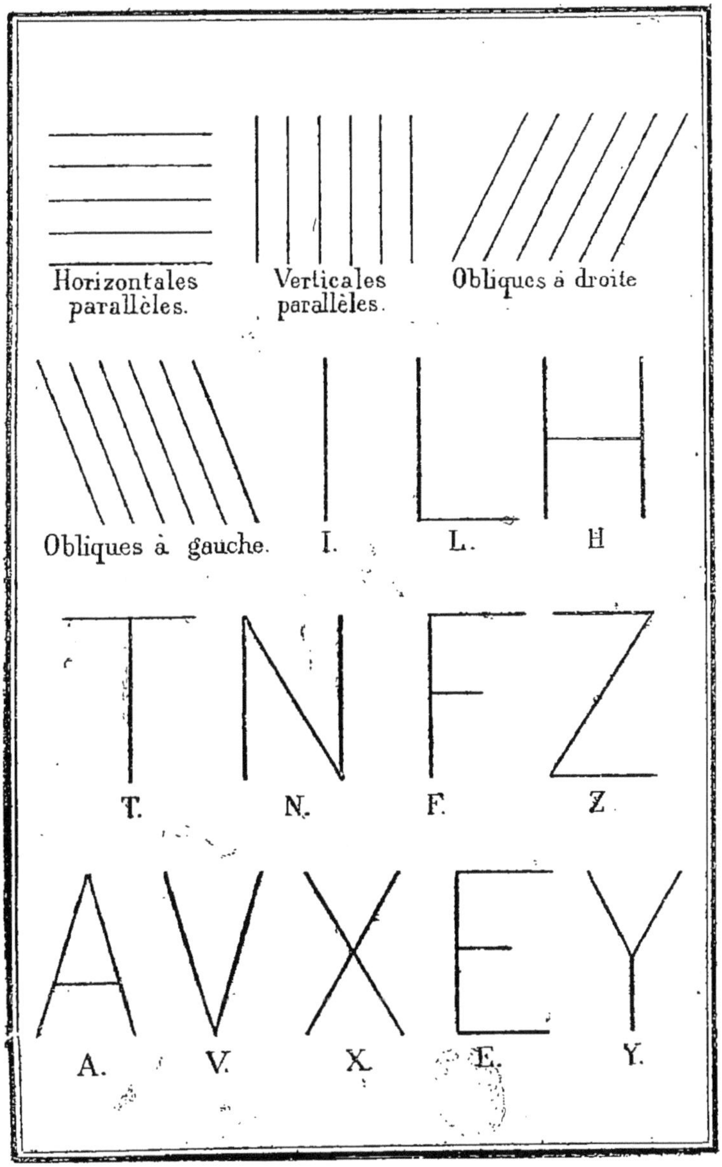

Horizontales
parallèles.
Verticales
parallèles.
Obliques à droite
Obliques à gauche.
I.
L.
H
T.
N.
F.
Z
A.
V.
X.
E.
Y.

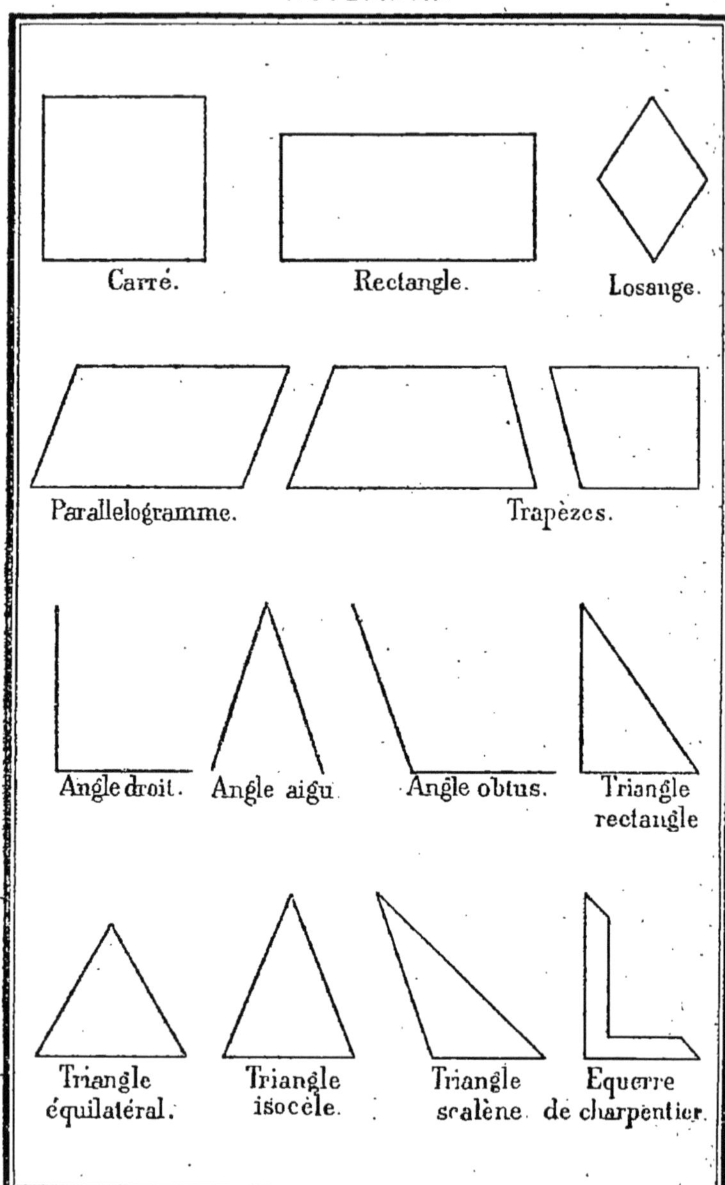
Carré.
Rectangle.
Losange.
Parallelogramme.
Trapèzes.
Angle droit.
Angle aigu.
Angle obtus.
Triangle rectangle
Triangle équilatéral.
Triangle isocèle.
Triangle scalène.
Equerre de charpentier.

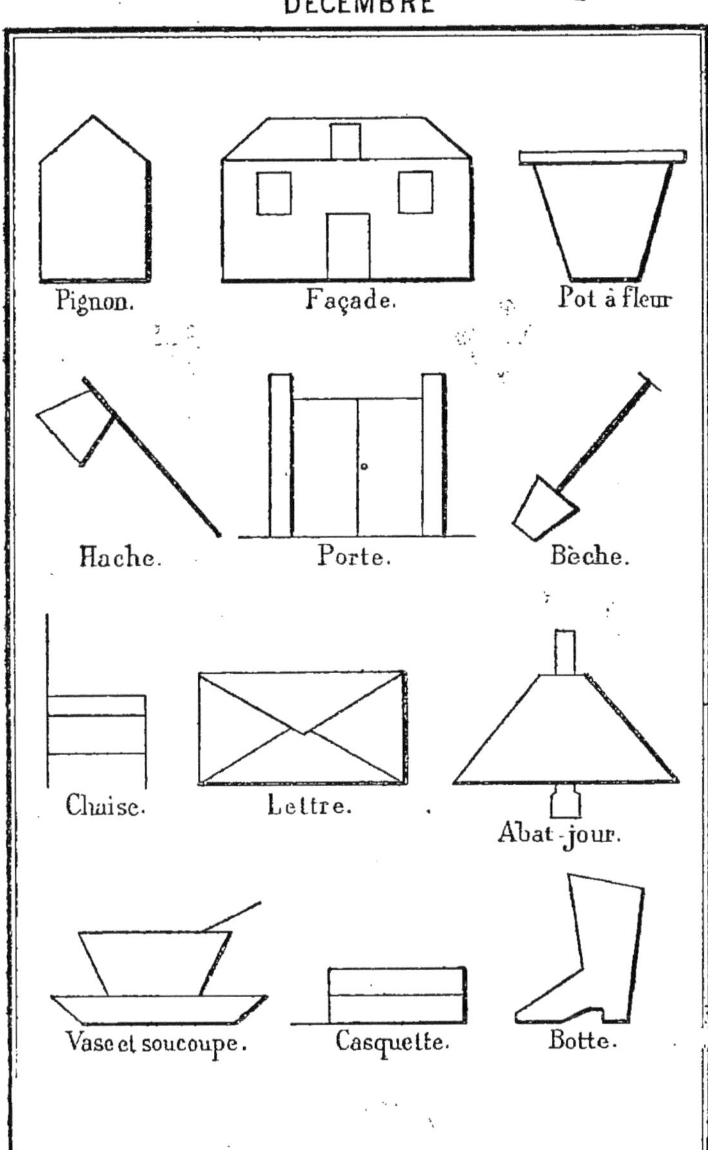

Pignon.
Façade.
Pot à fleur
Hache.
Porte.
Bèche.
Chaise.
Lettre.
Abat-jour.
Vase et soucoupe.
Casquette.
Botte.

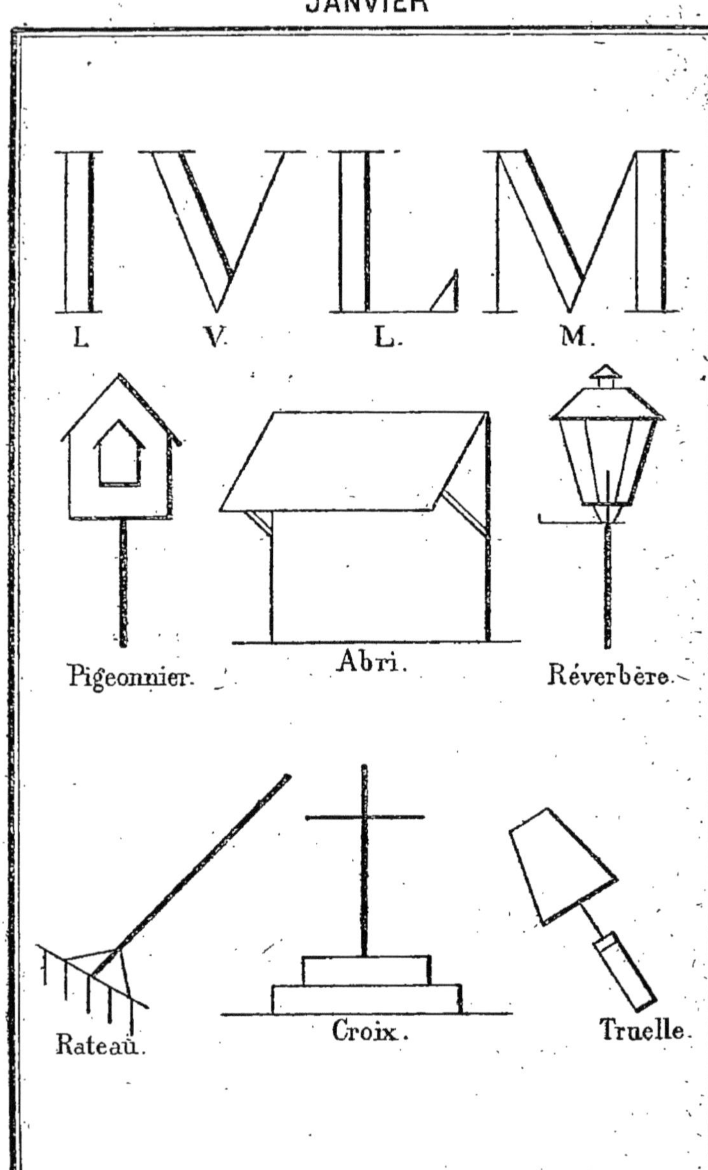
L.
V.
L.
M.
Pigeonnier.
Abri.
Réverbère.
Rateaŭ.
Croix.
Truelle.

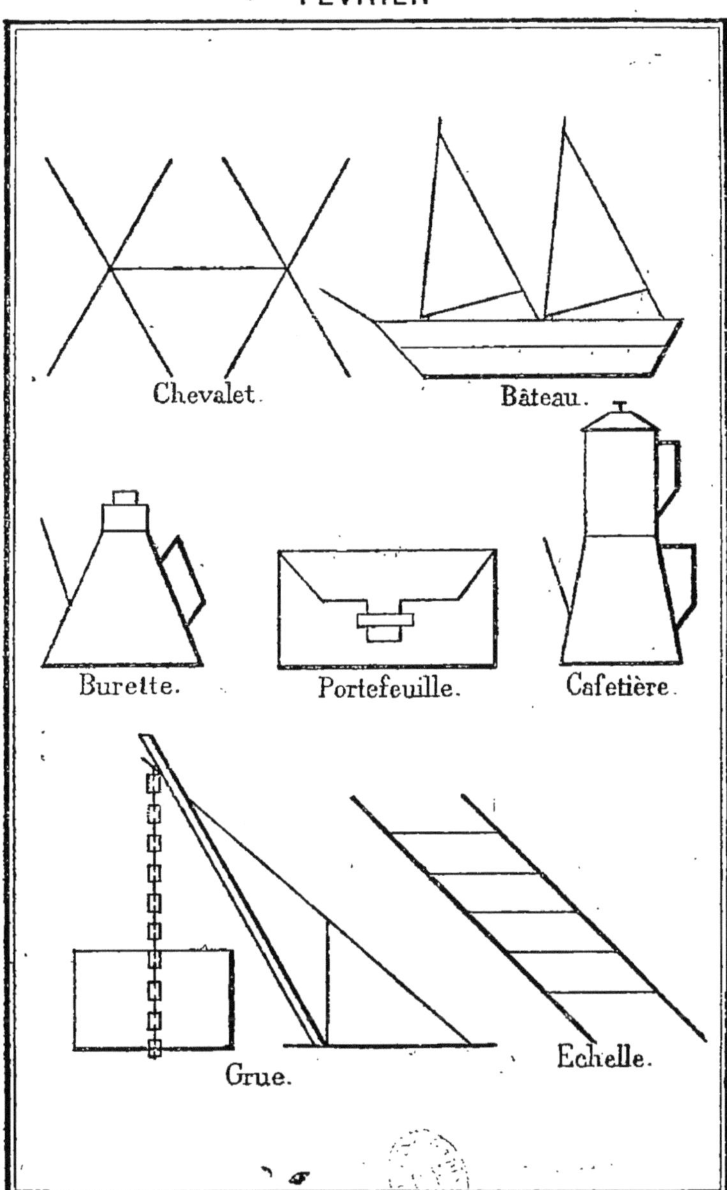

Chevalet.
Bâteau.
Burette.
Portefeuille.
Cafetière.
Grue.
Echelle.

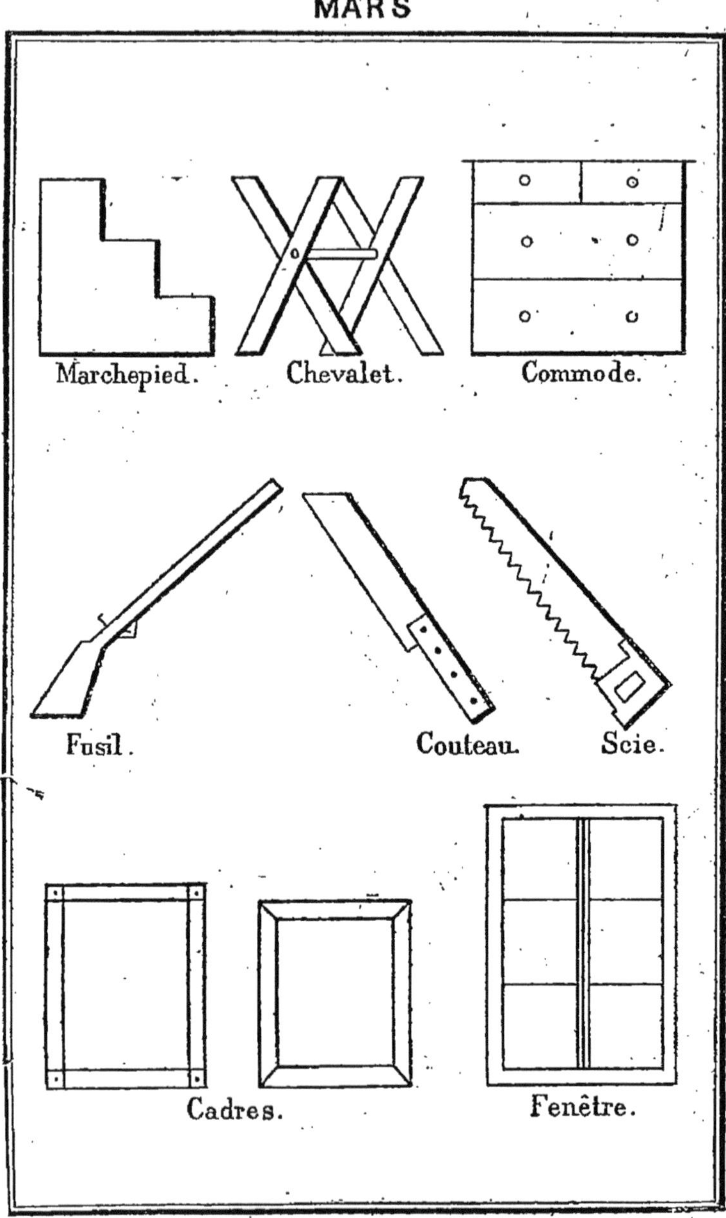

Marchepied.
Chevalet.
Commode.
Fusil.
Couteau.
Scie.
Cadres.
Fenêtre.